JN037472

BOOK IN BOOK

HARETABI

NAGOYA
COMPLETE
MAP

MAP 取り外せて
持ち運びに便利！

広域図

P.14 犬山

ジブリパーク P.12

P.3 名古屋広域

P.15 F-2へ

P.15 岡崎

P.15 常滑

SOLA SPA 風の湯 P.9

伊勢湾

凡例
見る・遊ぶ
レストラン・カフェ
ショップ
ホテル
セブン-イレブン
ローソン
ファミリーマート
ガソリンスタンド

三河湾

P.14 日間賀島

栄周辺

0　50　100m

N

A　丸の内出口

B

C

浅間町駅

22

伏見通

丸の内駅

丸の内局

中ノ町通

美園通

魚ノ棚通

桑名町通

長者町通

本町通

杉ノ町通

呉服町通

P.46 からめ亭 丸の内店

丸の内(2)

コーヒー専門店 蘭 P.52

丸の内(3)

七間町通

1

丸の内(1)

アパヴィラホテル

丸の内駅

桜通呉服

地下鉄桜通線

68

19

桜通本町

ホテル京阪

日銀前

日銀 名古屋支店

錦フロントタワー

名古屋市
中区

伝馬町通

長島町通

名古屋駅

泥江縣神社

錦(1)

御園小

袋町通

伏見袋町

錦(2)

本重町通

錦(3)

袋町通

アパホテル

P.44 台湾まぜそば はなび 錦店

名古屋ガーデンパレス

P.106 日本栄光酒場 ロッキーカナイ

P.106 わんこ手羽と親鳥のお店 かちてば

P.106 まぐろ専門酒場 マグロ大使

名古屋銀行

ランブライトブックスホテル10

名古屋 P.146

下園公園

鯱市 錦通伏見店 P.45

錦通本町

錦通

地下鉄東山線

伏見駅

コンフォートホテル

鳥椀 伏見店
P.61

2

名古屋商科大

名古屋観光ホテル

広小路伏見

三井住友

広小路クロスタワー

60

コメダ珈琲

広小路通

広小路本町

伏見駅

60

ヒルトン名古屋

御園座

でんきの科学館

島正 P.59

モンブランホテル

ワシントンホテル

ガーランドホテル

P.46 スパゲッティハウスヨコイ 住吉店

都心の天然温泉 名古屋クラウンホテル

栄(1)

ホテルトラスティ

P.107 伍味酉 栄本店

コメダ珈琲

P.40 山本屋本店 栄本町通店

三蔵通本町

甘味や 澤田商店 P.54

三蔵

コメダ珈琲

P.107 創作名古屋めし まかまか本店

栄(2)

白川通

白川通本町

名古屋市科学館 P.80

中消防署

堅三蔵通

19

白川公園

スポーツセンター

仲ノ町公園

栄小

名古屋市美術館

若宮八幡社

3

名古屋高速2号東山線

大須(1)

A

上前津駅

大須(2)

B

大須(3)

C

名古屋市
東区

丸の内3

P.101 糀 MARUTANI

P.101 PEANUTS Cafe 名古屋

伊勢町通

泉(1)

泉(2)

今池駅

大津通

コメダ珈琲

2A

2B

星が丘製麺所
久屋大通店 P.38

高岳

高岳駅

久屋大通

名鉄瀬戸線

桜通泉

地下鉄桜通線

41

東桜(2)

加藤珈琲店 P.105

THE TOWER LOUNGE CASHIME P.79

glycine P.79

base lab. P.79

Farm& P.79

lily P.79

HUB GRAMPUS PUB MIRAI TOWER店 P.79

多仲 P.79

THE TOWER HOTEL NAGOYA P.79,145

中部電力 MIRAI TOWER P.78

久屋大通駅

久屋大通駅

P.101 Hisaya-odori Park

名鉄イン

セントラルパーク
(地下街)

東桜(1)

富士中

東桜(2)

P.94 m.m.d.

ホテルマイステイズ

コメダ珈琲

東新町出口

高岳南

NHK

東桜小

東桜(2)

東海ラジオ

今池駅

アパホテル

P.61 おでん&ワイン カモシヤ

P.45,107
うどん錦

ほぼ栄駅一番出口
のれん街 P.106

ドン・キホーテ

栄
町
駅

オアシス21 P.102

IDC大塚家具

東新町北

愛知県美術館
愛知県芸術劇場

栄公園

コメダ珈琲

森の地下街(地下街)

地下鉄東山線

新栄町

東新町

栄駅

栄
駅

錦通久屋

ホテルマイステイズ名古屋栄

東新町

.100 SUNSHINE
SAKAE

MYOKOEN TEA STORE P.105

.104 うなぎ四代目
菊川 栄店

サカエチカ(地下街)

S10b S2

12

(60)

東新町入口

大同特殊鋼 フェニックス スクエア P.9

S8 スカイル

S7

S5

中区役所

名古屋東急ホテル

P.102
Maruei Galleria

S6b

16 15

名古屋栄三越 P.103

TOKYO MERCATO

hotel the progress P.93

P.37 世界の山ちゃん 本店

味処 叶 P.104

アパホテル

KW THE KITCHEN WONDERLAND P.54,102

ohagi3 FLAGSHIP SAKAE P.102,105

P.149 GOLD STAY 名古屋 栄

栄(4)

P.97,104
鈴波 本店

ZARA

ラシック

グッチ

大和屋守口漬総本家
本店 P.96

the b 名古屋

コメダ珈琲

プリンセスガーデン

松坂屋北館

久
屋
大
通

コンゼル広場

栄(3)

白川通大津

瓦町久屋東

池田公園

瓦町

ナディアパーク

ホテルフォルツァ

P.103 松坂屋名古屋店

地
下
鉄
名
城
線

モスバーガー

矢場公園

ドン・キホーテ

松坂屋南館
松坂屋美術館

久屋広場

栄(5)

名古屋ZERO GATE

名古屋PARCO 西館

コメダ珈琲

矢
場
町
駅

1

TIAD, オートグラフ コレクション P.8

名古屋PARCO 東館

2

4

3

名古屋PARCO 南館

北新天地通

P.34
YABATON SHOP

矢場とん 矢場町本店 P.34

名古屋高速2号東山線

吹上西

名古屋駅周辺

0　50　100m

A 京都駅
東批杷島駅

井深町

亀島駅

八田駅

亀島公園
亀島局

P.55 Lyrical coffee donut

亀島(1)

亀島(2)

中村郡道
則武(1)
P.47朝日屋
名古屋市
中村区
アパホテル〈名古屋駅新幹線口北〉
P.37鳥開総本家 名駅西口店

清正公通

2

則武(2)

チサン・イン 名古屋
則武公園
大松稲荷神社

昭和通
西名
銀座
座屋
通
商り
店

竹橋町

シネマスコール
椿町

椿神社前

牧野小
牧野公園
ドーミーイン

地下鉄桜通線

太閤通三丁目

3
太閤通駅

太閤(4)

東海道本線

東海道新幹線

名鉄名古屋本線・名鉄犬山線

亀島

名鉄百貨店

B ノリタケの森 P.82,87
P.82ノリタケミュージアム
P.82クラフトセンター
P.83ノリタケスクエア名古屋
P.83 Café grand vert
P.83 Restaurant Kiln

赤レンガ棟

則武新町

則武新町

輪ノ内町

八幡屋 P.59

牛島町

名鉄イン 名古屋駅前
喫茶チロル P.51

名古屋
ルーセントタワー

L4
L3
L2

牛島町

中央郵便局北
名古屋中央郵便局
KITTE

P.111青柳総本家 KITTE名古屋店
P.109 JPタワー名古屋
タカシマヤゲートタワーモール
名古屋JRゲートタワーホテル
P.109 JRゲートタワー
JRセントラルタワーズ
P.109

P.38きしめんよしだ エスカ店
P.39きしめん亭 エスカ店
P.42,110海老どて食堂エスカ店
P.110やぶ屋食堂 エスカ店
P.110山本屋本店 エスカ店
P.110鳥開総本家 名駅エスカ店
P.108 エスカ

ビックカメラ

E17 ジェイアール名古屋タカシマヤ
E16 E10
E7 グランドキヨスク名古屋 P.89,99
E6 P.14 名古屋駅構内
E14 太閤通口

太閤通口
P.99ギフトキヨスク名古屋
E4 E13
E2 E8
E1 P.97マツウラベーカリー 名鉄店
P.115山 名古屋駅店
P.111スパゲティハウスチャオ
JR名古屋駅太閤通口店
うまいもん通り

名古屋駅

E12
P.109名鉄百貨店 本店

P.47,50喫茶 モック

中村税務署

太閤(3)

A 名古屋セントラル病院

C 菊井

名駅(2)

早苗公園 ●NTT
Buttery P.92

ベッセルホテル
カンパーナ名古屋

サイプレスホテル
名古屋駅前
SEVEN STORIES P.148

名駅(2)

ザ・サイプレス
メルキュール

モンブランホテルラフィネ

名駅2

L1
10

P.109
大名古屋
ビルヂング

ダイナード
U1

名古屋駅

P.112
P.108ゲートウォーク
11桜通口

マリオット
アソシアホテル

カフェデンマルク
JR名古屋駅店 P.89

P.111
ぴよりんSTATION
カフェジャンシアーヌ

名鉄名古屋駅

近鉄名古屋駅

名鉄
グランドホテル

P.88,114 名鉄商店
P.149名鉄グランドホテル

名古屋駅

中村警察署

太閤通

太閤(1)

マックスバリュ

8

D
E
F
地下鉄鶴舞線

菊井局〒
菊井町線

新道
中央公園

6号名古屋高速清須線

明道町出入口
E
江川線
名古屋能シアターク久田館
美濃路
愛知県立図書館

新道(2)

幅下(2)

明道町Jct

三の丸(1)

菊井町

明道町

景雲橋局〒
みゆき公園

名古屋高速都心環状線

景雲橋

名古屋市
西区

丸ーストアー

松露堂 P.88

P.122 喫茶、食堂、民宿。なごのや

円頓寺

卍慶栄寺

月ののうのうさ P.123

P.90
美濃忠 本店

丸の内駅

名古屋プライムセントラル

那古野局〒

円頓寺

コメダ珈琲

BAR DUFI
P.123

P.123 喫茶まつば

那古野(1)

円頓寺商店街

五条橋

喫茶ニューポピー P.124

ホテルリブマックス

那古野(2)

うなぎ家 しば福や P.33

那古野

P.125 那古野茶房 花千花

アシェットデセール専門店 Lyrique P.55

名駅(3)

Cafe de Lyon 本店 P.125

美濃路

四間道の町並み

木挽町通

P.125
四間道レストランMATSUURA

中橋

名古屋高速都心環状線

名駅3北

東横INN名古屋駅桜通口本館

丸の内(1)

丸の内駅

名駅(3)

中村郡道

国際センターホール

桜橋

ホテルユニゾ名古屋駅前

名古屋国際センター

ザ ロイヤルパーク
キャンバス 名古屋

U14

地下鉄桜通線

68

コメダ珈琲

P.147
ホテルリソル名古屋

U10
U12

国際センター駅

泥江橋

2

U6 U8

U13

名駅(6)

錦(1)

U4

U15

名古屋市
中区

U5

U7
U9
U11

P.60
Y.MARKET BREWING KITCHEN

御園小

ユニモール

名駅五局〒

伝馬橋

堀川西線

ウインクあいち

名駅(4)

コーヒーハウスかこ 花車本店 P.26

クロスコートタワー

笹島中・小

スカイプロムナード P.115

柳橋中央市場

ニッコースタイル名古屋 P.144

ミッドランドスクエア P.109

相鉄フレッサイン

地下鉄東山線

三井ガーデンホテル名古屋プレミア

サンロード P.108

下園公園

大須のきしめん P.39

西柳公園

錦橋

妙香園 サンロード店 P.96

イビススタイルズ名古屋 P.146

名古屋観光ホテル

SPICE UP！COCOICHI BAKERY P.97

キタチカ
ミヤコ3

ホテルJALシティ名古屋 錦

S5

ミヤコ1

ミヤコ5

名古屋

風来坊 名駅センチュリー
豊田ビル店 P.36

アクアタウン納屋橋

S6

ミヤコ4

P.33宮鍵

リッチモンドホテル

栄(1)

ミヤコ地下街

納屋橋

ヒルトン名古屋

モード学園

ミヤコ2

テラッセ 納屋橋

モーニング喫茶リヨン P.26

江川線

MEGAドン・キホーテ

都心の天然温泉
名古屋クラウンホテル

ダイワロイネットホテル

ホテルリブマックス

白龍神社

天王崎橋

ダイワロイネットホテル

名駅南(1)

ハミルトンホテル

コートヤード・バイ・
マリオット名古屋 P.142

金山駅
D
E
F

9

矢場町

矢場町駅

北新天地通

名古屋市
熱田区

金山駅

金山駅

熱田駅

神宮東公園

N

三輪神社 P.116

クアドリフォリオ

久屋大通庭園
フラリエ

ハローワーク

熱田神宮公園

地下鉄名城線

旗屋(2)

白鳥公園

熱田文化小劇場

熱田駅前

名鉄名古屋本線

三本松町

1

Sugakiya 大須赤門店P.45

赤門東

白鳥古墳

白鳥(1)

宮中

誓願寺

熱田神宮西駅

旗屋町

熱田区役所

226

東海道本線

P.72
熱田神宮

本宮

神宮(1)

祈祷殿

神楽殿

神宮前北

ミュープラット

神宮前駅

バーガーキング

前津中

白鳥(2)

本遠寺

曲玉池

熱田神宮会館

地下鉄名城線

大須(4)

ドン・キホーテ

万松寺

白鳥小

西門

西門

熱田神宮宝物館・文化殿
きよめ餅総本家

DCM21

鳴海駅

2

上前津駅

P.73 宮きしめん 神宮店

八剣宮

熱田神宮草薙館

東門

神宮
(3)

名鉄常滑線

名古屋市教育センター

大高駅

白鳥(3)

白鳥橋駅

1

地下鉄鶴舞線

大瀬子公園

堀川

興徳寺

熱田神宮南

正門

円通寺

神宮(2)

熱田郵便局

神宮(4)

伝馬町

名鉄常滑線

上前津駅

東別院駅

上前津(2)

鶴舞駅

大瀬子町

熱田神宮伝馬町駅

247

P.32 あつた蓬莱軒 本店

伝馬(1)

225

堀田駅

1

大江駅

大津通

田代町

30

名鉄名古屋本線

名古屋市
緑区
鳴海町

鳴海駅

東丘小

N

日泰寺 舎利殿

姫ヶ池通り

P.126 覚王山 日泰寺

法王町

P.129 まり木綿

イオンタウン有松

日泰寺 山門

揚輝荘北園

唐子車山車庫

竹田家住宅

旧山田薬局

有松しぼり久田

有松駅

有松

手越川

山門町

揚輝荘南園

末盛局

愛知学院大学
歯学部・附属病院

有松伝統的建造物群保存地区

暁明駅

sono P.95

梅花堂 P.127

60

井桁屋 P.128

3

覚王山駅

覚王山フランテ

末盛2

棚橋家住宅

服部家住宅

丘上町

観月町

本山駅

有松消防団

237

P.87,128 有松・鳴海絞会館

碧海信金

222

旧加藤呉服店

二ツ池
公園

田代小

P.129 tetof 1608

東海道

椙山
女学園高

山添町

1

西崎町

30

長坂南

有松小

suzusan factory shop

P.129

有松郵便局

名古屋高速2号東山線

田代局

名古屋城

0　100　200m

N

上名古屋(4)　金城(1)　金城(4)　田幡(1)　黒川出入口

上名古屋(1)

八王子中

井伊天通　下水道科学館　柳原(3)　清水(4)

城西(4)　城西(5)　名城公園西　名城公園北　名城公園駅　柳原(2)

名古屋市西区　数寄屋公園　名城公園　名城造形大　名城公園駅

城西(3)　愛知学院大名城公園キャンパス　名城公園南　柳原(4)

城西小　フラワープラザ　名城(1)　柳原(1)

筋違橋　おもいで池　名城公園南　名古屋市北区

堀端町

城西(2)

西北隅櫓　名城公園南　三の丸(4)　清水橋

乃木倉庫　御深井丸展示館　大津通　白壁(2)

P.30,64 名古屋城　内苑売店 P.25　名古屋市東区

名古屋城本丸御殿ミュージアムショップ
P.25,89

P.89 三648御蔵　本丸御殿 P.66　二の丸庭園

西の丸御蔵城宝館
P.25,65　二の丸茶亭 P.24

表二之門　東南隅櫓　名古屋学芸大看護学院

P.31 那古野城跡　東門　検察庁

正門　名古屋医療センター　明和高

P.69 cafe diner POP OVER　清水橋東

P.69 金シャチ横丁 宗春ゾーン　東大手駅

P.69 saien

P.68 金シャチ横丁 義直ゾーン　ドルフィンズアリーナ

能楽堂　蓬左 hosa P.69　名古屋市中区　名古屋市役所

名城公園　農政局　名城公園南　三の丸(3)

加藤清正像　水資源機構　出来町通

中下橋　二の丸　市役所西庁舎　市役所前

P.41 山本屋総本家 金シャチ横丁店　県警本部　名城病院

P.68 那古野茶屋　名城病院　市政資料館

P.68 ひつまぶし名古屋備長
金シャチ横丁店　合同庁舎　県庁西庁舎　愛知県庁　東外堀町

P.68,89 鯱上々々

三の丸(1)　護國神社　三の丸(3)

丸の内中　護國神社　三の丸(2)

上小田井　愛知県図書館　本町橋

丸の内入口

名古屋高速都心環状線

福神社　名古屋小

星城大　桑名町通　本町公園

アイリス　愛知　P.147 ホテル・アンドルームス名古屋栄

地下鉄鶴舞線　丸の内出口　中目病院　丸の内(3)　泉(1)

丸の内駅　丸の内(2)　七間町通　呉服町通　久屋大通

伏見駅　栄駅

大曽根周辺

0　150　300m

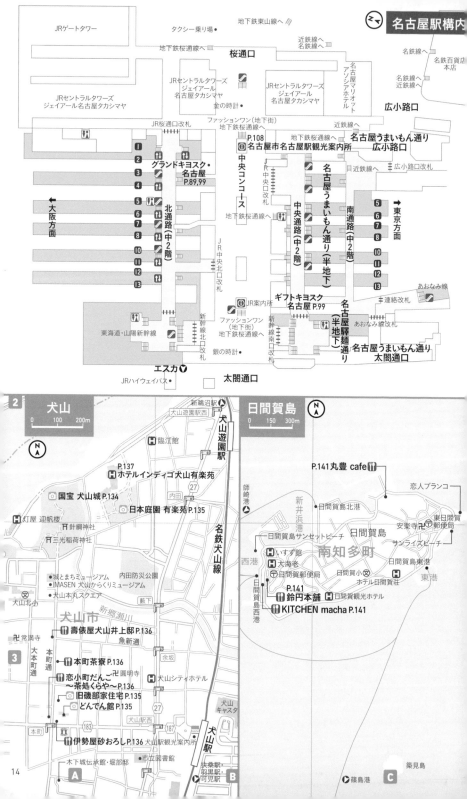

常滑

陶磁器会館前

🍴 ni:no P.132

🍴 常滑市陶磁器会館 P.131

常滑駅

線

252

町

常滑駅西

🍴 nuu P.132　　　🍴 MADOYAMA P.132

P.132

🍴 カフェギャラリー千里香

千代ヶ丘

卍相持院

新濱木橋東

247

常滑東小

常滑郵便局

廻船問屋瀧田家

やきもの散歩道

● morrina

常滑警察署

陶郷町

とこなめ陶の森資料館

陶芸研究所

とこなめ陶の森

新開町

栄町

登窯広場展示工房館

● 登窯(陶榮窯)

● バロー

ボートレースとこなめ

市民文化会館

栄町5

瀬木町

常滑市

常滑西小

252

奥条6

本町

市場町

奥条

奥条4

奥栄町

34

常滑港

山方町

P.133 INAX ライブミュージアム 📷

岡崎

N

100　200m

北岡崎駅

柿田橋

岡崎市

248

八帖

岡崎市図書館
交流プラザ りぶら

龍城橋

康生通西局

どうする家康 ●
岡崎 大河ドラマ館

大門駅

P.138 大樹寺

三河豊田駅

大樹寺小

大樹寺

井田公園

26

335

岡崎市

P.139 カクキュー 八丁味噌 📷

八丁蔵通り

P.139
まるや八丁味噌 📷

中岡崎駅

🍴 岡崎公園 P.30,138

P.138 岡崎城天守 📷

龍城神社

北岡崎駅

中岡崎駅

康生通南2

1

岡崎公園前駅

矢作橋

矢作川

大正庵釜春 本店

伊賀川

乙川

殿橋

明代公園

明神橋

名鉄名古屋本線

明大寺局

477

明神橋

明神橋公園

コムタウン

コメダ珈琲

248

293

483

愛知環状鉄道

明代公園

明大寺橋

東岡崎駅

国府駅

3

岡崎駅

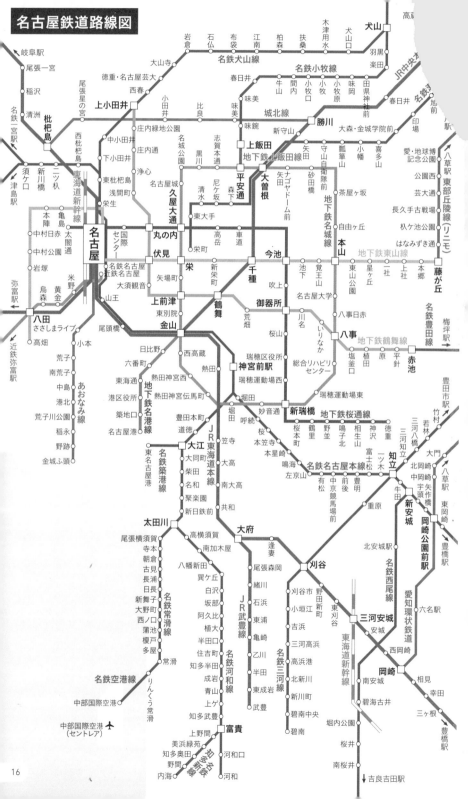

名古屋鉄道路線図

旅が最高のハレになる

名古屋

NAGOYA

本書をご利用になる前に

【データの見方】

- ♠ 住所
- ☎ 電話番号
- ⏱ 営業時間※飲食店は開店〜閉店時間（LOはラストオーダーの時間）を記載しています。施設は最終入館時間の表示がある場合もあります。
- 🗓 年末年始などを除く定休日

- ¥ 大人の入場料、施設利用料
- 室数 客室の数
- ⚲ 最寄り駅やバス停などからの所要時間
- 料金 宿泊料金
- IN チェックイン時間　OUT チェックアウト時間
- ▶MAP　別冊地図上での位置を表示

CONTENTS
名古屋でしたい**84**のこと

取り
詳細M

☑ やったことにCheck!

STAY

\スマホやPCで！/
ハレ旅 名古屋
電子版が無料！
無料アプリ honto で今すぐダウンロード
詳しくは→P.160

購入者限定 FREE

夢を叶えるエリアをリサーチ

名古屋市内の2大中心街名古屋駅と栄を中心に見どころがコンパクトに集まる。
各エリアの特徴と位置関係を把握して、行きたいエリアを効率よくめぐろう！

NAGOYA MAP

市内観光スポットは地下鉄でアクセス可能。
場所を知るのに路線図が大活躍！

タウン別バロメータ

これを見れば何がイチオシか早わかり！
エリアの特性をつかもう。

♪ 遊ぶ
🛒 買う
🍴 食べる
✨ 磨く
📷 観光する

使い勝手抜群の名駅

Ⓐ 名古屋駅周辺（なごやえきしゅうへん） >>>P.108

名古屋の玄関口。名古屋民に"名駅（めいえき）"と呼ばれ親しまれている人気エリアだ。地下街が広がり、駅や周辺ビルに直結。一帯はレストランやショップも充実する。

©(公財)名古屋観光
コンベンションビューロー

高層ビルが立ち並ぶ名古屋駅周辺

名古屋で押さえるべきキホン

キホン①

**移動は地下鉄！
一日乗車券も活用したい**

名古屋市内を地下鉄が網羅。一日乗車券などを使えばお得に移動できる。周遊ルートは決まっているが、なごや観光ルートバス メーグル（→P.155）も便利。

キホン②

**なごやめしの
人気店は行列必至**

なごやめしを提供するレストランは観光客で大にぎわい。行列覚悟でスケジュールを確保、予約ができる店にする、テイクアウトにするなど事前に作戦を練ろう。

キホン③

**おみやげは
名古屋駅で購入する！**

お目当てのおみやげ以外は、帰る際にまとめて名古屋駅で購入するという手もあり。構内のキヨスクだけでなく、駅周辺の百貨店や地下街などに名古屋らしいおみやげが揃う。

のんびり歩きたい趣深い町

Ⓑ 那古野（なごの） >>>.122

名古屋の町並み保存地区に指定されている四家道（しけみち）、昭和の雰囲気が漂う円頓寺商店街を中心とするエリア。町に溶け込む古民家や蔵を改装したショップやレストランが増えている。

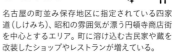

町歩きが楽しい那古野

東海エリア随一の繁華街

Ⓒ 栄（さかえ） >>>P.100

百貨店や複合ビル、文化施設などが集まり、ファッション、グルメ、カルチャーなどのトレンドを発信する名古屋の中心地。周辺には飲食店も多く、夜遅くまでにぎわっている。

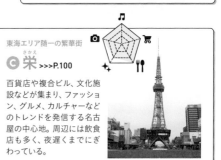

中部電力 MIRAI TOWER が目印

カオスが楽しいレトロな町

Ⓓ 大須 >>>P.116

大須観音の門前町として発展したエリア。歴史ある社寺や老舗から食べ歩きが楽しめる世界各国のグルメ店、ヴィンテージショップ、サブカルスポットまで集まるディープタウン。

まずは大須観音にご挨拶

まず訪れたい名古屋のシンボル

Ⓔ 名古屋城周辺 >>>P.64
なごやじょうしゅうへん

名古屋を代表する観光名所。城内は本丸御殿や西の丸御蔵城宝館、名勝二之丸庭園など見どころいっぱい。城外にあるグルメスポット、金シャチ横丁や蓬左hōsaにも注目。

名古屋城で歴史さんぽ

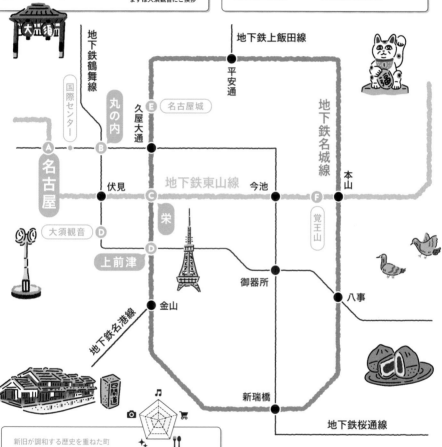

地下鉄上飯田線

地下鉄鶴舞線

平安通

国際センター

丸の内

久屋大通

Ⓔ 名古屋城

地下鉄名城線

Ⓐ 名古屋

Ⓑ

伏見

Ⓒ

地下鉄東山線

今池

Ⓕ

本山

栄

覚王山

大須観音 Ⓓ

Ⓓ 上前津

御器所

八事

金山

地下鉄名港線

新瑞橋

地下鉄桜通線

新旧が調和する歴史を重ねた町

Ⓕ 覚王山 >>>P.126
かくおうざん

覚王山のランドマーク、日泰寺(にったいじ)へ続く参道周辺に昭和を感じる町並みが広がり、散策にぴったり。店主の個性が光る洗練されたショップも多く、隠れた名店探しも楽しい。

参道 日泰寺。毎月21日に縁日を開催

知っ得 名古屋の基礎知識

■ 東京から	新幹線で約1時間39分(→P.150)
■ 大阪から	新幹線で50分(→P.150)
■ 主な交通手段	地下鉄、電車、バス、自転車
■ 言語	名古屋弁
■ 観光	歴史あるスポットと癒やしスポット

名古屋を200%楽しむ

1日目

歴史にふれたい！徳川家ゆかりの地へ

名古屋の町にも大きな影響を与えた徳川家康。家康ゆかりの地をめぐり、歴史を感じながら今の名古屋を満喫しよう。

AM

10:00 名古屋駅
🚃 約12分

10:30
① 名古屋城
→P.64
＜所要約1時間30分＞

🚶 すぐ

12:00
② 金シャチ横丁
→P.68
＜所要約1時間30分＞

— ひつまぶし名古屋
備長 金シャチ横丁店
→P.68

🚃 約10分

PM

2:00
③ 徳川美術館
→P.71
＜所要約1時間30分＞

🚃 約30分

4:00
④ 大須
→P.116
＜所要約2時間＞

├ 大須商店街
│ →P.117
└ コンバル 大須本店
→P.49

🚶 徒歩7分

6:00
⑤ とんちゃんや
ふじ はなれ
→P.58
＜所要約1時間30分＞

SIGHTSEEING ① 名古屋のシンボル名古屋城をめぐる

広い城内には、本丸御殿はじめ、見どころがたくさん。季節ごとに風情が異なるのも魅力。

LUNCH ② なごやめしランチ！

ゴージャスな金箔ひつまぶしも！

名古屋城正門出てすぐのところにある金シャチ横丁義直ゾーン。王道の名古屋グルメが充実。

POINT
名古屋城は手続きすれば再入場可能。ランチした後、城内へ戻ることも。

SIGHTSEEING ③ 貴重なお宝を鑑賞

名品コレクションを展示する6つの展示室へ。本館で開催される企画展や特別展も要チェック！

SIGHTSEEING | **CAFE**
④ 大須商店街をぶらり。名所に名物と盛りだくさん！

レトロな雰囲気も残る

大須観音や歴史ある社寺をめぐりながら、商店街を探検！名古屋喫茶でひと休みを挟むのもアリ！

DINNER ⑤ ディープな名古屋グルメに挑戦

地元の人たちに人気のとんちゃんへ。煙もくもくの中、名物味噌とんちゃんに舌鼓。

魅力的な観光スポットが豊富な名古屋。1泊2日なら、テーマを決めてスケジュールを組むのも楽しいかも！モデルコースを旅のプランづくりの参考にしてみて。

名古屋のめぐり方

名古屋は名古屋城、中部電力 MIRAI TOWER、東山動植物園などの観光スポットや、街歩きが楽しい大須、那古野などの人気エリアがコンパクトに集まる。どこへ行くにも地下鉄でアクセス可能なのも観光客にはうれしい。一日乗車券を使いこなしてお得にめぐろう！

癒やし＆買い物スポットを満喫する！

動物園のアイドルたちに癒されたら、人気エリアの町歩きもお忘れなく。タワーから名古屋の町を見渡し、情緒ある町を散策しよう。

MORNING
①名古屋モーニングを体験！

朝は人気喫茶で自家焙煎コーヒーと名物のシャンティールージュスペシャルをいただきます！

SIGHTSEEING
②人気アニマルたちに会いに行く

動物たちをずっと見ているだけで癒される。童心に帰って園内をめぐろう。

SIGHTSEEING ｜ LUNCH
③栄周辺をぐるり散策＆ランチ

緑豊かな Hisaya-odori Park に癒されながら、街歩き。ランチのお店を探すのも楽しい。

創作系きしめんも人気。話題のきしめん店でランチ

SIGHTSEEING ｜ SHOPPING
④那古野をのんびりおさんぽ

趣深い光景に出合える円頓寺商店街や四間道へ。町には穏やかな時間が流れている。

店主のセンスが光るショップも。ハンドメイドの温かみある雑貨がステキ

SHOPPING
⑤名古屋みやげ探し

名古屋イメージのかまわぬオリジナルてぬぐい

えびせんといえば、大人気の坂角総本舗

POINT
ジェイアール名古屋タカシマヤには名古屋限定アイテムも。おみやげにぴったり。

2日目

AM

8:00
①コーヒーハウス
かこ 花車本店
→P.26
＜所要約1時間＞

🚃 ↓ 約17分

9:30
②東山動植物園
→P.74
＜所要約2時間＞

🚃 ↓ 約13分

12:00
③栄 →P.100
＜所要約2時間30分＞
― Hisaya-odori Park
→P.101
― 中部電力 MIRAI TOWER
→P.78
― 星が丘製麺所
久屋大通店 →P.38

🚃 ↓ 約12分

PM

3:00
④那古野
→P.122
＜所要約1時間＞
― 喫茶まつば →P.123
― 月ののうさ →P.123

🚃 ↓ 約2分

4:30
⑤名古屋駅周辺
→P.108
＜所要約1時間＞
― ジェイアール名古屋
タカシマヤ
→P.112

🍴 食べ忘れたなごやめしがあれば、帰る前に名駅で！時間がなければテイクアウトも！

HARETABI NEWSPAPER

2023年オープンのラグジュアリーホテルや鶴舞公園のリニューアルなど、名古屋で話題のトピックスをご紹介。進化が止まらない名古屋の町をチェック！

STAY 栄＆名駅周辺は再開発中スポットがそこここに！ホテルも続々オープン！

2023年7月OPEN

久屋大通公園の緑と共生
TIAD, オートグラフコレクション
ティアド, オートグラフ コレクション

東海エリア初となるオートグラフ コレクションが誕生。全室50㎡以上を誇り、スイートルームを含む3つのグレードの客室を用意。贅沢でくつろぎの時間を過ごせる。

🏠 名古屋市中区栄5-15-19 ☎052-252-2288 室数150室 ⊗地下鉄矢場町駅1番出口からすぐ
栄駅 ▶MAP 別P.7 E-3
料金 1泊1室5万円〜
IN 15:00 OUT 12:00

ラグジュアリー化が進行中⁉

全国的にブームなラグジュアリーホテル開業の波は名古屋にもきている！

2022年3月OPEN

名古屋アートが彩る
コートヤード・バイ・マリオット名古屋
コートヤード・バイ・マリオットなごや

館内随所にローカルエッセンスがちりばめられ、名古屋を感じながら滞在できる。
>>>P.142

EAT バリエーション豊富に！進化するなごやめし

2022年8月OPEN

手羽先食べ方イラストも

カリッとジューシー
手羽先むすめ
てばさきむすめ

自慢の手羽先は12種類も！1本から注文できるのも◎。気になる味を食べ比べよう！
>>>P.36

新定番手羽先＆天むす

地元でおなじみ、観光客に人気のなごやめしは、おいしい＋αに注目！

2022年7月OPEN

季節限定天むすも登場
天むす屋 鬼天
てんむすや おにてん

天むす専門店。一番人気の海老天のほか、野菜や梅干し、キノコなど、常時10種類！
>>>P.118

お茶漬け出汁で天むす茶漬けに

🍴 EAT 鶴舞公園がリニューアル！
新たに商業施設も誕生

注目グルメも目白押し
テイクアウトできる店が多いので、そのまま鶴舞公園でピクニック！

2023年5月 RENEWAL

花の名所として有名
鶴舞公園
つるまこうえん

1909（明治42）年、名古屋市が初めて設置した公園。和洋の庭園や運動施設などがある。園内3エリアが生まれ変わり、新施設がオープン。

🏠名古屋市昭和区鶴舞1 ⊗入園自由 ⊗各線鶴舞駅からすぐ

[鶴舞] ▶MAP 別P.4 C-2

新鮮フルーツがキラキラ輝く
宝石のようなフルーツタルト
tartotte 鶴舞公園店
ほうせきのようなフルーツタルト
タルトッテ つるまこうえんてん

話題のタルト専門店。1個ずつかわいいボックスに入るので手みやげにもおすすめ。

🕙10:00〜19:00 ㊡不定休

鶴舞公園内に誕生した新スポット
TSURUMA GARDEN
ツルマ ガーデン

2023年5月 OPEN

公園の豊かな自然に溶け込む商業施設。建物は愛知認証材のスギやヒノキを使っている。飲食店を中心に14店舗がオープン。

🏠鶴舞公園内 🕙店舗により異なる

(TSURUMA GARDEN内 SHOP)

食べ歩きにぴったり！

老舗餅・和菓子店の新業態
もちはもちや 山田餅本店
もちはもちや やまだもちほんてん

新感覚な和菓子を提供する和カフェ。定番和菓子のアレンジが楽しみ。

🕙10:00〜17:00 ㊡火曜、第2・3水曜

進化系キャラメルスイーツ
Caramel Boutique 伽羅名楼
キャラメル ブティック きゃらめろう

新キャラメルブランド。職人が作るおいしくて斬新なキャラメルがずらり。

🕙10:00〜19:00 ㊡不定休

鶴舞公園のフードホール
FOOD LAB.358
TSURUMA PARK
フードラボ.358 ツルマ パーク

ピザやポキ、韓国料理など、幅広いラインナップ。

🕙11:00〜21:00 ㊡無休

📷 TOURISM アップデート必須お役立ち旅情報

NEW TOPICSをチェック
どんどん新しく便利に進化中。町の今を存分に楽しもう！

2023年6月 START

待ち合わせはフェニックスに集合！？
大同特殊鋼 フェニックス スクエア
だいどうとくしゅこう フェニックス スクエア

栄の地下街「サカエチカ」にある「クリスタル広場」の名前が変更に。地図を見るときは新名称で！

🏠名古屋市中区栄3-4-6先 ☎052-962-6061 🕙7:00〜24:00 ㊡無休 ⊗地下鉄栄駅直結

[栄] ▶MAP 別P.7 D-2

多くの人が行き交うちょうちん横丁

2023年2月 RENEWAL

セントレアでひとっ風呂！
SOLA SPA 風の湯
ソラ スパ ふーのゆ

飛行機や海を望む展望風呂が自慢の温浴・サウナ施設。「くつろぎ処」にはセントレアで唯一座敷席のある「お食事処 えびす」も。入浴後は、足を伸ばしてのんびりくつろいでみては。

🏠常滑市セントレア1-1 中部国際空港セントレア 第1ターミナル4F ちょうちん横丁 ☎0569-38-7077 🕙10:00〜21:00（最終受付20:00）㊡11月第2火曜 ⊗名鉄中部国際空港セントレア駅からすぐ

[中部国際空港] ▶MAP 別P.2 A-3

HOW TO

名古屋「4つ」の事件簿

交通アクセスや人気店の大行列など。大都市にありがちなトラブルは先にチェックして回避しよう!

🔍 事件ファイル①

混雑しすぎてランチ難民 次の予定に間に合わない!

週末や大型連休などは名古屋のグルメの有名店はどこも大にぎわい。国内外からの観光客に加え、大型イベントで名古屋を訪れる人たちがこぞって押し寄せるため。1時間2時間待ちはアタリマエ、ただただ時間が過ぎていく…。お目当ての店へ開店前に着くようちょっと早めに出かけてみると、すでに長い行列ができているなんてことも!

解決!

余裕をもったプランを作り、作戦を立てる

❶ 行列含めて旅の醍醐味。覚悟して並ぶ
❷ 予約できる店に絞る
❸ お目当ての店の支店を狙う
❹ テイクアウトして楽しむ

注意
大会場で人気アーティストのライブが開催されているときは特に注意。大勢のファンが聖地巡礼のため、推しごひいきの名古屋グルメ店に詰めかけることも。夕方など、ライブ開催中の時間を狙おう。

🔍 事件ファイル②

新幹線を降りて名古屋駅にいるけれど、どこへ行けば…。名駅が迷駅状態に。

大都市のターミナル駅は、初めての人にはわかりづらいもの。ところどころにあるサインを必死で探し、そのとおりに進みながらも果たして合っているの? 気づけば地下街にいるけれど駅はどこに?

解決! JR名古屋駅の出口を把握する!

新幹線で名古屋駅へ到着した場合、JRへの乗り換えなら改札を出ることなく楽ちん。JR以外に名鉄、近鉄、あおなみ線、地下鉄東山線、桜通線が乗り入れている。目的地に行く路線へ乗り換えるにはどこを目指すか覚えておこう(MAP 別 P.14参照)。

太閤通口	新幹線改札からすぐ
桜通口	新幹線改札出て東方向へ直進 地下鉄へ(名鉄、近鉄もアクセス可能)
広小路口	桜通口へ向かう手前を右折 名鉄、近鉄へ
JR名古屋駅内 (出口使用しない)	駅中央コンコースから地下へ →地下鉄桜通線 太閤通口手前を南方面に →あおなみ線

CHECK!
地下鉄の東山線と桜通線は改札内でつながっているがかなり歩くため、JR名古屋駅からなら、桜通線は中央コンコースから地下へ入り改札へ。

🔍 事件ファイル③

迷子再び！？
栄の地下街から出られない

栄駅、久屋大通駅は、改札を出ると地下街が広がっているため出口を見失いがち。とりあえず進んでみたものの、左右にお店が並ぶ地下街が続き、一体どこへ向かっているのかわからない！

解決！ 地下街を把握する！

地下街は百貨店や主要ビルにも直結している。下の3つの地下街を把握しておくと自分がどこにいるかわかりやすい。

> セントラルパーク

地下鉄久屋大通駅から栄駅方面、Hisaya-odori Parkの地下にある。

> 森の地下街

栄駅周辺に広がり、セントラルパーク地下街とサカエチカの間にある。

> サカエチカ

広小路通の地下に広がる。定番待ち合わせスポット「大同特殊鋼 フェニックス スクエア」はちょうど広小路通と大津通の交差点下あたり。

改札近くの出口から地上へ出てみる

たいがい、地上へ出て少し歩けば、栄のランドマーク、中部電力 MIRAI TOWERを見つけることができる。それを目印に移動しよう。

🔍 事件ファイル④

ジブリパークへはどう行けば？？

名古屋市内ではなく、愛・地球博記念公園の中にあるとは聞いたけれど、名古屋駅からは近い？どうやっていくのがベスト？？

解決！ まず地下鉄東山線の藤が丘駅を目指そう！

ジブリパークがあるのは、名古屋市の隣、長久手市。地下鉄東山線の終着駅藤が丘へ着いたら、リニモに乗り換え、愛・地球博記念公園駅で下車。名古屋駅からアクセスするなら名鉄バスセンターから出ているバスもおすすめ。ジブリパークはたくさん歩くので、履き慣れた歩きやすい靴で出かけよう。愛・地球博記念公園はチケット不要だが、ジブリパークは事前予約の日時指定チケットが必要なので気をつけて。

地下鉄東山線 藤が丘駅	名鉄バスセンター 名古屋駅
↓ リニモ 所要13分	↓ バス 所要約40分
愛・地球博記念公園駅	愛・地球博記念公園

> **注意**
> 名古屋駅から向かう場合、ラッシュアワーに注意。朝の地下鉄東山線は名古屋駅〜栄駅までは車内がぎゅうぎゅう。その時間は本数が多いので、無理に乗車せず何本か見送るのも手。ただ、栄駅を過ぎれば徐々に混雑は解消される。

あるこう♪あるこー♪ 森へお散歩に。
ジブリパークへ行ってきます!

リニモに揺られ、愛・地球博記念公園(モリコロパーク)へ。
大自然に溶け込むジブリパークで、日常を忘れ、ジブリ作品の世界にどっぷり浸ろう。

秘密がいっぱいのワクワク体験を
ジブリパーク

愛・地球博記念公園内にあるスタジオ
ジブリ作品の世界を表現した公園施
設。2022年11月に「ジブリの大倉庫」
「青春の丘」「どんどこ森」の3つのエリ
アが第1期開園した。

🏠長久手市茨ケ廻間乙1533-1 愛・地球
博記念公園内
☎0570-089-154(ジブリパーク営業時
間内)
🕐10:00～17:00、土・日曜、祝日、学校
の長期休暇期間の平日は9:00～17:00
㊡火曜(祝日の場合は翌平日) ※詳細は
公式サイト https://ghibli-park.jp を確
認

長久手 ▶MAP 別P.2 C-1

公園の
シンボル的存在
エレベーター塔

太陽を浴び、
風を感じながら
森を歩こう♪

⛩ HIGHLIGHT

ジブリパーク

名古屋城

モーニング

名古屋グルメ

三英傑ゆかりの地

ACCESS

専用駐車場はないので
リニモがおすすめ

名古屋駅	🚇 地下鉄東山線 所要 **27**分 ㉠310円	藤が丘駅	🚝 リニモ 所要 **13**分 ㉠360円	愛・地球博記念公園駅

バスもおすすめ

名古屋駅	🚌 名鉄バスセンター4F　24番のりば 「愛・地球博記念公園（ジブリパーク）」行き 所要約 **40**分 ㉠1000円	愛・地球博記念公園
中部国際空港	🚌 中部国際空港第一ターミナル「藤が丘」経由 「愛・地球博記念公園（ジブリパーク）」行 所要約 **80**分 ㉠2000円	

TICKET

チケットはすべて
日時指定の予約制!!

	大人		子ども（4歳〜小学生）	
「青春の丘」＋ 「ジブリの大倉庫」セット券	平日	3000円	平日	1500円
	土・日曜、祝日	3500円	土・日曜、祝日	1750円
ジブリの大倉庫	平日	2000円	平日	1000円
	土・日曜、祝日	2500円	土・日曜、祝日	1250円
どんどこ森	1000円		500円	

※チケットの最新情報は公式サイトを確認
※先着順販売。現地販売はなし。インターネットで申し込み（Boo-Wooチケット）または全国のローソン、
　ミニストップ店頭の「Loppi」で購入
※3歳以下は入場無料
※別途、購入にあたりシステム利用料（1枚につき110円）が必要
※入場時間のみ指定、退場時間の制限なし。各エリア退場後の再入場は不可
※「青春の丘」「ジブリの大倉庫」セット券の場合、「青春の丘」のみ入場指定あり。
　「ジブリの大倉庫」は当日15:00までに入場。行列の場合は並ぶ必要あり

🧭 WHAT IS

ジブリの忘れもの

194万㎡もの広大な敷地を誇る愛・地球博記念公園。園内各所のベンチなどに、ジブリ作品に登場するキャラクターが忘れものをしたという設定で、さまざまなオブジェが置かれている。全部で15ヶ所あるので探してみよう。

公園を見渡せる
エレベーター塔

稲楼門を通って
「どんどこ森」へ

稲楼門の先は
木々が覆う
坂道に

池のほとりに
見覚えのある
昭和な建物

公園内は
無料バスが
運行中！

Ⓟは愛・地球博記念公園の駐車場

👣 2023年秋には「もののけの里」、2024年3月には「魔女の谷」の新エリアが開園予定。

見上げると全長約7mもの空飛ぶ巨大な船

中央階段

1階と2階をつなぐ美しいタイル装飾の階段。天井から降り注ぐ光でタイルがキラキラ輝く。約20万枚のタイルが使用されているそう。

ジブリの大倉庫

巨大施設には、映像展示室や3つの企画展示、ジブリ作品の世界を表現したスペースなどがぎゅっとごちゃまぜに詰め込まれている。ショップやカフェも忘れずチェックしたい。

夕暮れ時がひと際美しい

どこかエキゾチックな建物もたくさん

2F ミルクスタンド シベリ・あん

2F にせの館長室

1F 床下の家と小人の庭

2F 天空の庭

出口

2F 冒険飛行団
1F 企画展示室

2F 映像展示室
オリヲン座

2F 子どもの街

2F 南街

2F ネコバスルーム

入口

1・2F 中央展示室

1F 公開倉庫

中央階段

1F 哲学研究会部室

1F ご案内所

カフェ 大陸横断飛行

ジブリの大倉庫内を探検しよう

ネコバスルーム

『となりのトトロ』の世界へ。子ども(小学生以下)ならネコバスに乗って遊ぶことができる。子どもサイズの「サツキとメイの家」も。

公開倉庫

三鷹の森ジブリ美術館の企画展示や、国内外での展覧会に出展した展示物などを保管する本当の倉庫。

子どもの街

東京・小金井市の少し昔の町並みがミニサイズで登場。子どもたち(小学生以下)の遊び場。昭和の時代を体感!

南街

不思議な世界に迷い込んだよう。本屋「熱風書店」、模型店「大空模型」、駄菓子屋「駄菓子 猫かぶり姫」に並ぶ商品は購入可能。

大人にとってはどこか懐かしく子どもにとっては斬新な町並み。すべてがリアルで細かく造り込まれている。

映像・音響環境にもこだわった映像展示室

映像展示室オリヲン座

約170席の映像展示室。三鷹の森ジブリ美術館だけで上映されていた短編アニメーションを鑑賞できる。海外の劇場のようなホワイエなど、空間も素敵。

☕ ひと休みはココで

あんこと牛乳の組み合わせが◎

ミルクスタンド シベリ・あん

懐かしい瓶詰め牛乳やパック飲料などを販売。『風立ちぬ』にも登場したシベリアと一緒に。シベリアはカステラであんこを挟んだ和菓子。

牛乳瓶はジブリパークのオリジナルデザイン

☘ 中央階段を彩る美しいタイルは地元の瀬戸や常滑などで焼かれたもの。

⛩ HIGHLIGHT

ジブリパーク

名古屋城

モーニング

名古屋グルメ

三英傑ゆかりの地

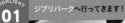

千と千尋の神隠し

ジブリ作品の
世界へ入り込む

館長室

にせの館長室

館内の一室には、迫力満点の湯婆婆の姿!束ね
た髪の毛は1本1本植えられているのだとか。室
内を舞う契約書は1枚1枚異なり、苗字を間違え
たあの契約書も!

天空の庭

高さ約4mのロボット兵が主の帰りを待っている。つた
や苔に覆われ、何百年もこの場にいたかのよう。

木の中をよく見ると
埋もれている苔むし
たロボット兵も

天空の城ラピュタ

借りぐらしのアリエッティ

HIGHLIGHT

ジブリパーク

名古屋城

モーニング

名古屋グルメ

三英傑ゆかりの地

床下の家と小人の庭

林のような草花に囲まれた雨上がりの庭と
アリエッティが暮らすかわいいおうちへ。
小人目線で楽しもう。

哲学研究会部室

港南学園高等部の部室棟、カルチェラタンにある部
室。ところ狭しと積み上げられた書籍や資料には
意外なアイテムも交じっている。

アリエッティが「野原みたいで素敵」と作
中で表現した部屋。草花で彩られている

コクリコ坂から

WHY

ガラス張り

もともとあるものを生かして造ら
れているジブリパーク。「ジブリの
大倉庫」は旧温水プールをリノベー
ション。ガラス張りの天井や外壁な
どはそのまま。プールの監視員室
は「にせの館長室」に改装した。

企画展示が楽しすぎる！

カオナシの隣に
座って
千尋になりきる！

中央展示室

ジブリの
なりきり名場面展

1・2階に13作品の名場面を展示。
展示の中に入り、写真撮影もできる
ので、完全なりきりで楽しもう！

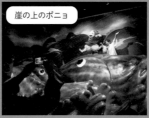
崖の上のポニョ

嵐の中、ポニョが宗介に会いに行くシーン。ポニ
ョと一緒に荒れた海を駆け抜けて

思い出のマーニー

海辺に佇むマーニー。背中合わせに立ってマー
ニーと手をつなげば杏奈になれる

作中のおいしそうな食べ物の数々。なぜおいしそうに見えるの
かをひもといていく。興味深い展示が多数。

企画展示室

「食べるを描く。」増補改訂版

三鷹の森ジブリ美術館で2017〜18年に開催され好評
を博した企画展示の増補改訂版。ジブリ作品に登場す
るおいしそうな食べ物の謎に迫る。

『となりのトトロ』のリツキとメイの家のちゃぶ台

HIGHLIGHT

ジブリパーク

名古屋城

モーニング

名古屋グルメ

三英傑ゆかりの地

大人でも乗れるネコバスがある!!

子どもゴコロがよみがえる!

特大サイズで中は広々。もふもふの毛に包まれている!

企画展示室 **ジブリがいっぱい展**

世界中で人気のジブリ作品。世界各国版のポスターや映像・音楽パッケージ、書籍などが一堂に。貴重なコレクションは必見。

トトロがカフェのマスターのように迎えてくれるカウンターを発見!

作品ごとの特徴が楽しいアルファベットタイル

愛知にちなんだおみやげも!

※商品は品切れの場合あり

☕ **ひと休みはココで**

ワンハンドグルメが人気

カフェ 大陸横断飛行

パイロットが操縦しながら片手でとる食事をイメージしたピザやサンドイッチなどが味わえる。スイーツ系のサンドも。

アデリア

レトロな花柄デザインが人気のガラス食器ブランド製造商品も

有松絞り

ジブリ作品のデザインが施された有松・鳴海絞りの手ぬぐい

冒険飛行団

オリジナルグッズが充実するショップ。魅力的なアイテムはおみやげに最適

ジブリ作品に関係するおいしそうな食べもののミニチュアマグネットが並ぶ

フラッグのイラストにも注目して!

「地球屋」前には「ロータリー広場」。高さ約13mのヒラヤマスギがそびえ、ベンチのあるバス停や公衆電話ボックスなどがあり、作中と同じ雰囲気を醸し出している

青春の丘

『耳をすませば』に登場する「地球屋」と「ロータリー広場」、『猫の恩返し』の「猫の事務所」があるエリア。公園の来園者は誰でも利用できる「エレベーター塔」も。

地球屋

主人公の月島雫が猫に導かれたどり着いたアンティークショップ。天沢聖司のおじいさん、西さんが集めた素敵なアンティークがたくさん。

猫の男爵
バロン

太陽の光によって輝きが変わるバロンの印象的な瞳

間近でじっくり
鑑賞したい
アンティークの数々

作中にも登場している木馬やからくり時計などが！宝箱のような空間

アンティークショップの奥は西さんの半生活空間で、リビングやキッチンなどが

からくり時計。ドワーフの王とエルフ女王の出会いを見届けよう

HIGHLIGHT

ジブリパーク

名古屋城

モーニング

名古屋グルメ

三英傑ゆかりの地

1F

リアルにこだわった
本物のアトリエを

a 1階は天沢聖司が見習いとしてバイオリン製作を学んでいた工房 b 床には生々しい木屑も c 雫と聖司が語らったバルコニーからは公園が見渡せる d 実際にバイオリンを製作する際に使用していた道具などが並ぶ

丘の上には
レトロな西洋風建築

WHAT IS

不思議な造りの地球屋

作中と同じように高台に建つ「地球屋」。玄関から見ると2階建てだけれど実は3階建てで、玄関は2階部分になっている。バルコニー側に回って確認してみよう。緑に囲まれているのはジブリパークならでは。

猫の事務所

『耳をすませば』の姉妹作『猫の恩返し』の大切な舞台である「猫の事務所」。猫サイズの木造建築で、中には本物さながらの家具や調度品が並ぶ。

小窓から覗くとバロンとムタがソファでくつろぐ姿が

「サツキとメイの家」の裏山には「どんどこ堂」！階段を上がり頂上を目指す

子どもだけが遊べる
「どんどこ堂」

どんどこ森

「ジブリの大倉庫」から、森の中をのんびり歩くこと約20分。深い緑に包まれたエリアには、「サツキとメイの家」や「どんどこ堂」などがあり、『となりのトトロ』の世界が広がる。

どんどこ堂

トトロを模した高さ約5mの木製遊具。「どんどこ森」の山頂にたどり着くと、ウェルカムと言わんばかりに手を広げ待ってくれている。中に入れるのは小学生以下の子どもだけ。

「どんどこ堂」隣にはここでしか購入できないアイテムも揃う「どんどこ売店」。お守り袋や根付などをチェック
※商品は品切れの場合あり

ベビーカーや車椅子が優先のスロープカー「どんどこ号」もある。かつての名古屋市内を走っていた路面電車がモチーフに

細部まで造り込まれ今も一家が暮らしているよう

⛩ HIGHLIGHT

ジブリパーク

名古屋城

モーニング

名古屋グルメ

三英傑ゆかりの地

サツキとメイの家

『となりのトトロ』でサツキとメイたち草壁一家が暮らす一軒家。2005年の「愛・地球博」のパビリオンとして建てられたものを引き続き公開。

和洋折衷が印象的な一軒家。昭和30年代に完全タイムスリップできる

作中の世界で見た昭和30年代の暮らしが目の前に ⓐ洋間のお父さんの書斎は資料が山積み ⓑ炊事場のかまどはご飯が炊けるそう ⓒトトロなタイルも表現した風呂場 ⓓサツキの勉強机。実際に座って引き出しを開けてみて

こちらへも立ち寄って！

山登りのお供をチェック
どんどこ処

バードコールで森の鳥たちと交流

「どんどこ森」にあり、公園の利用者は誰でも立ち寄れるショップ。飲み物やあめ、傘などを販売。愛知県産木材で作った、鳥のさえずりの音が出せるバードコールも。

※商品は品切れの場合あり

🔼 「どんどこ堂」はほぼ土に還る天然素材で造られている。木製で壁は日本家屋と同じ左官壁。目は瀬戸焼を使用。

季節ごとに訪れたい
名古屋城でしたいこと

名古屋城のお楽しみは、史跡めぐりだけじゃない！
緑豊かな抜群のロケーションの中、グルメや買い物だって楽しめちゃう。

おすすめの回り方

アクセスが便利なのは東門。朝イチ
で名勝二之丸庭園へ行くなら東から
西（正門）へ向かってめぐろう。

START

9:00
東門から入場！

↓

9:05
二の丸茶亭で朝食

↓

9:45
**名勝二之丸庭園を
散策しながら移動**

↓

10:15
本丸御殿をじっくり見学

↓

11:00
名古屋城アイテムを探す

↓

11:15
お城のまわりをぐるり

↓

11:30
**西の丸御蔵城宝館で
名古屋城を学ぶ**

↓

12:00
正門から退場

↓

12:05
金シャチ横丁へ
（義直ゾーン→宗春ゾーン）

9:05 一日のスタートは城から！

名古屋城でモーニングする!!

名勝二之丸庭園を眺めながらの贅沢なひとときを。抹茶を使った葵の紋入りトース
トに、金箔ホイップ付きの小倉トーストなど名古屋城らしいメニューもうれしい。

朝（9〜11時）限
定の金シャチ
モーニング600
円（数量限定）

二の丸茶亭
にのまるさてい

名勝二之丸庭園内にある喫
茶。四季折々の美しい景色を
眺めながら抹茶（和菓子付き）
やみつ豆などでほっとひと息。

🏠名古屋城内 ☎052-231-1655
（名古屋城振興協会）🈺🈑名古
屋城に準ずる

名古屋城 ▶MAP 別P.12 B-2

和の趣あふれる店内でのんびり。店の裏には水琴窟も

9:45 広大な庭園を探検！

名勝二之丸庭園へ

現存する貴重な大名庭園のひとつ。
自然だけでなく、玉澗流など、石組み
に注目してめぐるのもおもしろい。
→P.65

10:15 名古屋城のスゴさを体感！

名所をめぐり
歴史にふれる

天守閣を見上げたら、現代の技術力
を総結集し、復元を果たした本丸御
殿への入館もお忘れなく。豪華絢爛
な世界が広がっている。
→P.65

名古屋おもてなし
武将隊

名古屋城へいざ出陣！

名古屋おもてなし武将隊®
に会って写真撮影する！

三英傑はじめ、名古屋ゆかりの武将6名、陣笠隊4名からなる武士集団。土日祝日に開催される演武や日により異なる武将の"おもてなし"も見逃さないで。

戦国時代へタイムスリップじゃ

©2009 Nagoya Omotenashi Busho-Tai Secretariat

11:00 自分用＆プレゼントに！

名古屋城みやげをGET！

城内のショップには、記念になるアイテムがよりどりみどり。見ているだけでも楽しめるアイテムがたくさん。

本金箔製の豪華な天守
金鯱印 1万2000円

記念の王道、御城印300円。限定バージョンなどもあり

名古屋城本丸御殿
ミュージアムショップ
なごやじょうほんまるごてんミュージアムショップ

狩野派の障壁画など、本丸御殿にちなむきらびやかなアイテムやセンスのいい名古屋みやげが揃う。

🏯名古屋城内 ☎052-204-2501
🕘🗓名古屋城に準ずる
`名古屋城` ▶MAP 別P.12 B-2

本丸御殿オリジナルのマルチクロス500円

内苑売店
ないえんばいてん

昔ながらのド定番観光みやげや名古屋グッズが豊富。ソフトクリームや金シャチ焼きなどのグルメも。

🏯名古屋城内 ☎052-231-1655（名古屋城振興協会）
🕘🗓名古屋城に準ずる
`名古屋城` ▶MAP 別P.12 B-2

金シャチクリップス700円。ケースの色は天守閣をイメージ

11:30 2021年OPENの新施設

歴史が学べるミュージアムへ

名古屋城が所蔵する本丸御殿の障壁画などの重要文化財はこちらに（本丸御殿は復元模写を展示）。年に数回入れ替えながら展示するので、要チェック！

西の丸御蔵城宝館
にしのまるおくらじょうほうかん

西之丸にあった米蔵の外観を再現した展示・収蔵施設。館内の「三番御蔵」には米に関するオリジナルグッズも。

🏯名古屋城内 ☎052-231-1700（名古屋城総合事務所）
🕘🗓名古屋城に準ずる
`名古屋城` ▶MAP 別P.12 A-2

ミュージアムショップ「三番御蔵」

あいちのかおり389円。精米2合をぎゅっとキューブに

お米でできたプラスチック、ライスレジンの定規400円

12:05 城内をめぐったらすぐお隣

金シャチ横丁を
パトロールする

城外にあるグルメスポットへ。義直ゾーンは名古屋発展の基盤をつくった初代尾張藩主徳川義直にちなみ、老舗が軒を連ねる。
→P.68

伝統・正統がテーマの義直ゾーン。名古屋の美食とおみやげが集合する

🏯 名古屋城へは再入場も可能。金シャチ横丁へ食事に出かける際などは、正門、または東門で手続きをしよう。

HIGHLIGHT
ジブリパーク
名古屋城
モーニング
名古屋グルメ
三英傑ゆかりの地

名古屋の朝のテッパン！
モーニングへ行かなくっちゃ！

名古屋の朝は喫茶店のモーニングからスタート！シンプルなトーストからホットサンド、和食のモーニングセットまで各店とも個性的。朝からしっかり腹ごしらえ！

コーヒーラバーならココ！

コーヒーハウスかこ 花車本店
コーヒーハウスかこ はなぐるまほんてん

約50年前に名古屋初の自家焙煎コーヒーを提供した店。丁寧に焙煎した香り豊かなコーヒーと一緒に味わいたいのが、生クリームと自家製あん、季節のフルーツコンフィチュールがのったシャンティールージュスペシャル。このパンを目当てに遠方から訪れる人も多い。

🏠名古屋市中村区名駅5-16-17 ☎052-586-0239
🕐7:00～19:00（LO 18:30）、土・日曜、祝日は17:00（LO 16:30）🈲無休 🚇地下鉄国際センター駅3番出口から徒歩3分
国際センター ▶MAP 別P.9 E-3

モーニングData
☕ **7:00～11:00**
ドリンクとシャンティールージュスペシャルのセット。
ドリンク代＋400円
※11時以降はシャンティールージュスペシャルのみで800円

さっぱりとした甘さの、季節のフルーツコンフィチュール

朝は苦手!? 勢にうれしい

モーニング喫茶リヨン
モーニングきっさリヨン

店名の通り、一日中モーニングを提供する喫茶店。トーストと卵の定番以外に、5種類のホットサンドモーニングが味わえる。甘党におすすめのパイナップルといちごジャムのホットサンドや小倉サンドをはじめ、食べ応えのある野菜サラダのホットサンドも人気。

🏠名古屋市中村区名駅南1-24-30 ☎052-551-3865
🕐8:00～18:00 🈲無休 🚇名古屋駅桜通口から徒歩5分
名古屋駅周辺 ▶MAP 別P.9 D-3

ハムとキャベツが入った野菜サラダのホットサンド

モーニングData
☕ **8:00～18:00**
ドリンクにトーストまたは5種類から選べるホットサンド、豆菓子が付く。450円～
※ドリンク代＋280円の小倉モーニングセットなどもある

 WHAT IS

名古屋モーニング

飲み物1杯分の値段でパンや卵が付いてくるサービスのこと。発祥は名古屋の北にある一宮市だと言われるが諸説ある。

ご飯党の強い味方！

白壁カフェ 花ごよみ
しらかべカフェ はなごよみ

季節の花で彩られた、落ち着いた佇まいの和風喫茶。木目を基調とした店内で味わえるのは、塩加減が絶妙なおにぎりモーニング。天気のいい日はテラス席で楽しむのも気持ちがいい。ランチのビビンバをはじめ、白玉の和パフェ830円などの甘味も評判。

🏠 名古屋市東区主税町4-72 アーバニア主税町
☎ 052-931-2346 🕐 7:30～22:00（ランチは11:00～14:00）🈺 無休 🚃 地下鉄高岳駅2番出口から徒歩11分
[高岳] MAP 別P.13 D-2

モーニングData ☕
7:30～10:00
ドリンク代でおにぎり2個、茶碗蒸し、サラダ、お茶が付く。
480円
※おにぎりは、夏季は冷やし茶漬け、冬季はおかゆに変更できる

甘辛いタレを絡めて味わう
石焼きビビンバ1150円

〜{ ほかにもおすすめモーニング♪ }〜

喫茶チロル
きっさチロル

酸味と苦味のバランスが取れたコーヒーは、後味まで香り豊か。もっちりとした歯応えのパンとも好相性。→P.51

モーニングData ☕
7:00～10:30
ドリンク、焼きたての厚切りトースト、ゆで卵が付く。430円～
※土曜は8:00～10:30までモーニングを注文できる

喫茶まつば
きっさまつば

小倉トースト発祥の店として知られる。12時までモーニングを実施し、ランチ代わりに利用する客も多数。→P.123

モーニングData ☕
8:00～12:00
ドリンクにトースト、ゆで卵、ポテトサラダが付く。450円～
※ポテトサラダは小倉またはジャムに変更可能

加藤珈琲店
かとうこーひーてん

小倉あんの上に栗をトッピング！好みでバター、シナモンパウダーをプラスするのもおすすめ。→P.105

モーニングData ☕
8:00～10:30
コーヒーに厚切り小倉トーストとゆで卵が付く名古屋セット。616円
※ほかトーストが異なる3種類あり。418円～

ぴよりんSTATION カフェ ジャンシアーヌ
ぴよりんステーション カフェ ジャンシアーヌ

朝からほっこり。ぴよりんはお店でいただくのが一番！→P.111

モーニングData ☕
7:00～11:00
ドリンクにバタートースト、ぴよりん、ヨーグルト、サラダが付くぴよりんモーニングプレート1200円

どんどん進化している名古屋モーニング。その人気から朝が一番混んでいる店や土日などに行列ができる店も。

どんどん進化している名古屋モーニング。その人気から朝が一番混んでいる店や土日などに行列ができる店も。

HIGHLIGHT
ジブリパーク
名古屋城
モーニング
名古屋グルメ
三英傑ゆかりの地

HIGHLIGHT
04

EAT

これは絶対食べてってちょう

名古屋グルメをCHECK

"なごやめし"とも呼ばれ、名古屋を中心に愛されているご当地グルメの数々。
名古屋発祥だけでなく、この地で独自に進化したメニューなど、どれも個性豊かで大人気！

🍴 きしめん

実はバラエティ豊富！

香り高いダシともちもちでツルリとした麺が魅力。白つゆ×柑橘の爽やか系やピリ辛ミンチが刺激的な個性派も！
星が丘製麺所 久屋大通店
→P.38

麺とつゆを購入し自宅でも

表面は香ばしく中はふわっと、秘伝のタレで仕上げたうなぎ。そのまま味わう、薬味を加える、ダシをかけるなど、食べ方が自在なのも楽しい。
あつた蓬莱軒 本店　→P.32

🍴 味噌カツ

味噌ダレがたまりません

味噌ダレはスタッフがなみなみと注ぎます

甘辛の一言では語れないほど、複雑な味わいの味噌ダレに驚く。旨み豊かでとんかつに負けないパンチ力ながら、くどくなく、ペロリといける。
矢場とん 矢場町本店　→P.34

🍴 ひつまぶし

おもてなしグルメの代表

🍴 台湾ラーメン

ヤミツキになる魅惑の辛さ

辛さと旨みのバランスが絶妙。汗が噴き出る辛さなのに、箸が止まらず、ハマる人続出。ノーマルの台湾ラーメンよりさらに辛いオーダーも可能。
中国台湾料理 味仙 今池本店　→P.44

味噌煮込うどん

熱々土鍋で
いただきます

味噌との相性抜群の濃厚な旨みのダシとコシの強い麺。個性が強い3つの味が見事に一体化している。ご飯も注文して一緒に味わいたい。
山本屋本店 栄本町通店　→P.40

ジャンボエビフライもお忘れなく。薄い衣をまとったエビはプリプリ！名古屋らしい鉄板で提供されるのも◎。
キッチン欧味　→P.43

エビフライ

食べ応え十分！
大満足エビフライ

自家製タルタル
も忘れずに

あんかけスパ

専門店
ならではの味

ピリッとスパイシーなソースがクセになる。具だくさんメニューが多く、ボリューム満点。サイズは4段階から選べるのもありがたい。
からめ亭 丸の内店　→P.46

濃いめに味付けされたケチャップ味のスパゲッティ。鉄板の上に敷かれたとろとろ熱々の卵に絡ませて食べるのがおすすめ。
喫茶ユキ　→P.47

鉄板スパ

スパゲッティが
普通においしい！

名古屋っ子の
ソウルフード

みんな大好き
クリぜん！

愛知県民のDNAに刷り込まれているかもと思うほど、親しみある味。白濁スープにラーメンフォークが懐かしい人も多いはず。
Sugakiya 大須赤門店　→P.45

手羽先

いくつでも
食べられる！

ビールのおつまみのイメージが強いが、おかずやおやつにもぴったり。大人だけでなく子どもにも人気のなごやめし。
風来坊 名駅センチュリー豊田ビル店　→P.36

全体的に味が濃い名古屋グルメ。それに合わせてか、名古屋喫茶には苦みとコクが特徴の濃いコーヒーが多い。

山本屋本店 栄本町通店　→P.40

数々の戦国武将が生まれた尾張と三河

三英傑ゆかりの地をめぐる

愛知では三英傑と呼ばれ敬愛されている織田信長、豊臣秀吉、徳川家康。
ゆかりのある地を訪れて、三英傑の歴史にふれてみよう。

長き戦国の世に終止符を打つ

徳川家康
（とくがわいえやす）
（1542～1616）

名古屋城（なごやじょう）

**徳川家康の遺品を含め
ゆかりのお宝を多数所蔵**

徳川美術館（とくがわびじゅつかん）

尾張徳川家に受け継がれてきた宝物を鑑賞できる。家康所用の甲冑や刀剣など貴重なものばかり。 →P.71

**徳川家康の命で築城
徳川家の力を知らしめた名城**

名古屋出身、築城の名手加藤清正らが手がけた。名古屋城築城により清須越が行われた。 →P.64

徳川園（とくがわえん）

**尾張徳川家2代光友の
隠居所跡に造られた日本庭園**

約2万3000㎡を誇る日本庭園で、巨石を用いた岩組配置は、武家社会の豪快さを象徴している。 →P.70

徳川家康画像（三方ヶ原戦役画像）。

家康が着用した花色日の丸威胴丸具足

足をのばして
岡崎へ

岡崎公園（おかざきこうえん）

写真提供：岡崎市

徳川家康が誕生した岡崎城天守がある公園

岡崎城天守をはじめ、自然豊かな公園内には家康や三河武士ゆかりのスポットが点在する。 →P.138

東岡崎駅前に！

HIGHLIGHT

ジブリパーク

名古屋城

モーニング

名古屋グルメ

三英傑ゆかりの地

豊臣秀吉
（1537〜1598）

関白、太閤までのぼり詰めた天下人

豊國神社
（とよくにじんじゃ）

豊臣秀吉生誕の地で秀吉の御神徳にあやかる

1885（明治18）年、地元の有志らにより、秀吉生誕の地、尾張国中村里（現名古屋市中村区）に創建。出世、開運、勝利祈願に多くの人が訪れる。

🏠 名古屋市中村区中村町木下屋敷 ☎052-411-0003 🕗8:30〜16:30 休無休 料参拝自由 ⊗地下鉄中村公園駅3番出口から徒歩10分
中村公園 ▶MAP 別P.3 D-2

常泉寺
（じょうせんじ）

境内には秀吉手植えと伝わる柊

御神体、豊太閤像が鎮座する古刹

御神体は400年前の創建時に加藤清正が大坂城から譲り受けたと伝わるもの。年々顔が変わる不思議なお像。

🏠 名古屋市中村区中村町木下屋敷47 ☎052-412-3467 🕘9:00〜17:00 休無休 料参拝自由 ⊗地下鉄中村日赤駅1番出口から徒歩8分
中村日赤 ▶MAP 別P.3 D-2

名古屋市秀吉清正記念館
（なごやしひでよしきよまさきねんかん）

二人の武将に迫る歴史資料館

中村の地に生まれた豊臣秀吉と加藤清正の資料が展示されている。

🏠 名古屋市中村区中村町茶ノ木25 中村公園文化プラザ2F ☎052-411-0035 🕘9:00〜17:00 休月曜（祝日の場合は翌平日）、第4火曜 料無料 ⊗地下鉄中村公園駅3番出口から徒歩10分
中村公園 ▶MAP 別P.3 D-2

織田信長
（1534〜1582）

天下布武かかげ戦国を駆け抜けた

万松寺
（ばんしょうじ）

織田信秀が建立
信長のうつけもの逸話が残る

父信秀の葬儀で信長が抹香を位牌に投げつけたエピソードの舞台。　→P.116

那古野城跡
（なごやじょうあと）

織田信長が過ごした城

今川家、織田家らが城主を務めた。信長は幼少期から清洲城へ移るまでは那古野城に。

🏠 名古屋城内
名古屋城 ▶MAP 別P.12 B-2

写真提供：名古屋城総合事務所

足をのばして清須へ

清洲城
（きよすじょう）

写真提供：清須市

天下取りは清洲の地から始まった

1555（弘治元）年に城主となり、1560（永禄3）年、桶狭間の戦いは清須城から出陣した。現在の天主閣は1989年に再建され、中は資料館に。

🏠 清須市朝日城屋敷1-1 ☎052-409-7330 🕘9:00〜16:30 休月曜（祝日の場合は翌平日）料300円 ⊗名鉄新清洲駅から徒歩15分
清須 ▶MAP 別P.3 D-2

清須城跡地として保存される清洲古城跡公園。清須城の対岸にある

おもてなしといえば。今日は特別だで

ひつまぶしにしよまい

元祖ひつまぶしの名店で
贅沢なひとときを過ごす

名物POINT 1
新鮮なうなぎを数秒でさばき、職人の技で串を打ち備長炭で焼き上げる

名物POINT 2
継ぎ足し続け、およそ150年分の旨みが溶け込んでいるタレ

MENU
ひつまぶし
4600円
4分の1程度を茶碗に取り分け、3通りの食べ方から好きな方法で味わう

🍵 WHAT IS

ひつまぶし
あつた蓬莱軒2代目当主甚三郎が、おひつに刻んだうなぎとご飯を混ぜて（まぶして）出したのが始まり。お茶漬けがさらに評判を呼んだ。

創業140年以上の料亭が守る伝統の味

あつた蓬莱軒 本店
あつたほうらいけん ほんてん

1873（明治6）年に料亭として創業し、名古屋名物「ひつまぶし」を生み出した名店。備長炭で焼くうなぎは、表面はカリッと香ばしく、中はふんわりとした食感。創業当時から継ぎ足し続けている秘伝のタレで、伝統のおいしさに仕上げる。

🏠名古屋市熱田区神戸町503 ☎052-671-8686 🕙11:30～14:00（LO）、16:30～20:30（LO）🈺水曜、第2・4木曜（祝日の場合は営業）🚃地下鉄熱田神宮伝馬町駅4番出口から徒歩7分

熱田神宮 ▶MAP 別P.11 E-2

こちらも一緒に

ふわふわのだし巻き卵でうなぎを巻いた、うまき1050円も人気

おひつの蓋を開けると、タレをまとい短冊状に刻まれたうなぎの蒲焼きがぎっしり！贅沢なひつまぶしはおもてなしメニューの定番だ。歴史ある名店で伝統の味を堪能して。

HOW TO

三度おいしいひつまぶしの味わい方

① まずお櫃の中で4等分に分ける
② 1/4の量を茶碗によそいそのまま味わう
③ 2膳目はネギ、ワサビなどの薬味を加えて
④ 3膳目は薬味＋ダシを加えだし茶漬けに
⑤ 最後は一番気に入った食べ方で味わおう

こちらもおすすめ

三河赤鶏のそぼろとふわふわの卵がのる親子丼720円も必食メニュー

カリッとした食感が際立つ香ばしい地焼きのうなぎ

文豪が愛した鰻・かしわ（鶏）料理の老舗

宮鍵
みやかぎ

かつての名料亭「得月楼」で修業した初代が、うなぎ料理の暖簾分けで納屋橋のたもとに1899（明治32）年に創業。うなぎとかしわ料理を提供し、文豪・池波正太郎が足しげく通った店としても有名。うなぎは蒸さない関西風の地焼き。

🏠名古屋市中村区名駅南1-2-13 ☎052-541-0760 ⏰11:30〜14:00（LO）、17:00〜21:40（LO21:00）休土曜、第4水曜（連休前は不定休あり）🚃地下鉄伏見駅7番出口から徒歩7分

伏見 ▶MAP 別P.9 E-3

MENU
ひつまぶし
4500円
鰹ダシをかける茶漬けまで、鰻の香ばしい風味が損なわれず楽しめる

趣ある古民家で幻と呼ばれる青うなぎを味わう

こちらも一緒に

うなぎのたたきポンズ4300円は、白焼きをおろしポン酢でさっぱりと

店主の確かな目利きと熟練の技が光る

うなぎ家 しば福や
うなぎや しばふくや

江戸時代から続く四間道、円頓寺の町並みに佇む古民家を改装した一軒。養鰻業の実家で育ち、名古屋の名店で長年修業した店主が丁寧に調理する。定番の味から酒に合う一品まで揃う、多彩なメニューも喜ばれるポイント。

🏠名古屋市西区那古野1-23-10 ☎052-756-4829 ⏰11:30〜14:30（LO14:00）、17:30〜20:30（LO20:00）休火曜、第2・3水曜 🚃地下鉄国際センター駅2番出口から徒歩5分

那古野 ▶MAP 別P.9 E-1

MENU
ひつまぶし
5100円
漁獲量が少なく希少な青うなぎに、たまり醤油の深みのあるタレを合わせる

ひつまぶし
味噌カツ
手羽先
麺類
喫茶
カフェ＆スイーツ
地元めし
夜ごはん

🍴 実はうなぎの名産地である愛知県。ここ10年の漁獲量は鹿児島県に次ぐ第2位！

EAT
02
甘辛濃厚なザ・なごやめし
味噌ダレたっぷりの味噌カツに直行！

味噌ダレが命の味噌カツ。各店がこだわりの詰まったオリジナル味噌ダレで勝負。
驚くほど味わいが異なるので、好みの味噌カツを見つけよう！

🍴 WHAT IS

味噌カツ

豆味噌をベースにしたタレをかけたトンカツ。どて煮（ホルモンを豆味噌で煮込んだ料理）の鍋に串かつを入れたのが始まりとも。

ひれ串5本950円。
味噌カツの元祖！
みそかつの衣との
違いを味わって

ボリューム満点ながらペロリ
完食の秘密はみそだれにあり！

名物POINT **1**
揚げたてのかつが席に届くと目の前でみそだれをかけてくれる

名物POINT **2**
豆味噌に豚のスジやザラメなどを合わせじっくり煮込んだ特製みそだれ

MENU
わらじとんかつ定食
1900円
（単品は1470円）
みそとソースの2種類"半々"の注文も可能。ゴマをかけて味変もおすすめ

行列が日常風景に！矢場町のランドマーク
矢場とん 矢場町本店
やばとん やばちょうほんてん

名物のみそかつは、どて煮の鍋に串かつをドボンと浸したことをきっかけに初代が生み出した一品。秘伝のみそだれは、1947（昭和22）年創業時の味を守り、濃厚な旨みながらサラッと軽やか。全くしつこくない味わいで驚く。

🏠 名古屋市中区大須3-6-18 ☎052-252-8810 🕚11:00～21:00 ㊡無休 🚇地下鉄矢場町駅4番出口から徒歩5分

`矢場町` ▶MAP 別P.7 D-3

シズル感あふれる極上リブ鉄板とんかつ定食2000円。動画撮影必至

コチラへも立ち寄って！

ぶーチャーム1100円。トントン拍子の縁起もの

矢場とんなつかしカレー500円。ポークカレー

秘伝のみそだれがレトルトに。600円。万能タレとして重宝

新待ち合わせスポットに！
YABATON SHOP
ヤバトン ショップ

本店横にあり、グルメやぶーちゃんグッズが充実。店前にはオリジナルアニメが流れる大型ビジョンもある。

`矢場町` ▶MAP 別P.7 D-3

老舗洋食店らしいハイカラな味噌カツ

すゞ家 大須赤門店
すずや おおすあかもんてん

大須・赤門通の脇にある創業70年の老舗洋食店。約20年前に考案した、干し柿や干しブドウなどの果物の甘みを生かして仕上げた味噌ダレに、ファンが多い。上質な山形豚と自家製パン粉の香ばしくやわらかな味も唯一無二。

🏠名古屋市中区大須3-11-7 ☎052-241-3752 🕙11:00〜15:00(LO14:00)、17:00〜21:00 🈺木曜 🚇地下鉄上前津駅8番出口から徒歩5分

大須 ▶MAP 別P.10 C-1

MENU
みそヒレカツ定食
1870円
驚きのやわらか食感が老若男女を虜に。味噌ダレはワインとも相性抜群

こちらもおすすめ

三河一色産の天然ものを使用する活海老フライ（時価）も名物

MENU
とんかつ屋の
本気の味噌串カツ
1本176円
酒のお供にぴったりな、夜の看板メニュー。テイクアウトも可能

二度揚げでやわらか＆サクサク

MENU
三河もち豚
ロースカツ定食
1450円
三河もち豚は旨みが強く、やわらかい。味噌ダレ以外のソースも選べる

昼は気軽な定食、夜は居酒屋利用も！

みそかつかつみや
鶴舞分店
みそかつかつみや つるまいぶんてん

1973(昭和48)年、愛知県あま市で創業した味噌カツ「かつみや」。現役引退した父の味を守り受け継ごうと兄弟がそれぞれに継承し、こちらは弟である青木裕さんの店。継ぎ足しの味噌ダレは、少し甘めのサラリとした味わい。

🏠名古屋市中区千代田3-8-1 ☎052-212-8832 🕙11:30〜14:00(LO13:30)、17:00〜23:00(LO22:30) 🈺日曜 🚇JR・地下鉄鶴舞駅6番出口から徒歩3分

鶴舞 ▶MAP 別P.4 C-2

父の味を守り続ける名店直伝の味噌ダレ

味噌ダレはサラリ系にドロッと系、甘めに辛めと、店により味わいが全く違う。

EAT
ひつまぶし
味噌カツ
手羽先
麺類
喫茶
カフェ＆スイーツ
地元めし
夜ごはん

手羽先、今日は何人前食べる？

秘伝のタレが味の決め手！
パリッとジューシーな
揚げたてをいただきます！

こちらも一緒に

MENU
元祖手羽先唐揚
550円～（1人前）
二度揚げし、熟成タレをたっぷりと。特選塩コショウをまぶし、ゴマを振る。誕生以来変わらぬおいしさ

甘辛ダレの元祖手羽先
風来坊 名駅センチュリー豊田ビル店
ふうらいぼう めいえきセンチュリーとよたビルてん

名古屋を中心に全国に暖簾分け店を持つ。名物の手羽先唐揚げは、創業者の大坪健庫氏が、スープの材料程度にしか使わなかった手羽先を素揚げし、秘伝のタレと絡めたのが発祥。多くの名古屋人を釘付けにする味をぜひ。

🏠名古屋市中村区名駅4-9-8 名駅センチュリー豊田ビルB1F ☎052-533-2677 🕒15:30～22:30 休日曜 🚃各線名古屋駅7番出口から徒歩5分

名古屋駅周辺 ▶MAP 別P.9 D-3

手羽先ぎょうざ
825円。手羽先の
中に餃子の具が
入ったユニークな
メニュー

個性豊かな
手羽先が一堂に！
全部食べたくなる

種類豊富な手羽先が楽しい
手羽先むすめ
てばさきむすめ

「手羽先サミット2022」で金賞を受賞し、3日間で1万1000本を完売した伝説のお店がスタンドをオープン。1本から注文できるので、食べ比べがおすすめ。大須らしく飲み食べ歩きができるテイクアウトのドリンクセットも。

🏠名古屋市中区大須3-42-23 ☎052-990-4080 🕒11:00～22:00 休水曜 🚃地下鉄上前津駅8番出口から徒歩2分

大須 ▶MAP 別P.10 C-2

MENU
手羽先
165円～（1本）
元祖や南高梅、スパイスカレー、八丁味噌など約12種類がラインナップ

二度揚げするため、外は香ばしく、中はジューシーに仕上がる

名古屋居酒屋メニューの筆頭ながら、
大人だけでなく子どもも大好きの手羽先唐揚げ。
個性の強い味付けが特徴で、
1つ手にすると止まらなくなる味わい。

WHAT IS

魅惑の手羽先

手羽先二大名店、「風来坊」の甘辛系、「世界の山ちゃん」のコショウ辛いなど、味付けもさまざま。お気に入りの手羽先唐揚げを見つけよう！

ドーンと約30cm!!

MENU ○
幻の手羽先
605円〜（1人前5本）
辛さと風味が際立つ"幻のコショウ"とタレ。ビールはもちろんご飯にも

カラリと揚がったコショウ辛い味わいがヤミツキに！

1人前が5本。写真は20人前100本!!コショウの量は調節可能

つい食べ進め止まらなくなる幻の味
世界の山ちゃん 本店
せかいのやまちゃん ほんてん

昭和50年代、わずか4坪の店でスタートし、今では国内・アジア諸国で75店舗以上を展開。名物の幻の手羽先は、創業当時に「いくら食べてもおいしくてすぐになくなり幻のようだ」との常連客の言葉から"幻の手羽先"と命名されたそう。

🏠名古屋市中区栄4-9-6 ☎052-242-1342 🕐16:00〜23:15(LO22:30)、土曜は15:00〜24:15(LO23:30)、日曜、祝日は15:00〜23:15(LO22:30) ㊡無休 🚇地下鉄栄駅12番出口から徒歩5分

栄 ▶MAP 別P.7 F-2

こちらも一緒に

新名古屋名物、渾身の台湾もつ鍋2750円（小2人前）

オリジナルのタレが絶品！

本物にこだわる鶏専門店
鳥開総本家 名駅西口店
とりかいそうほんけ めいえきにしぐちてん

からあげグランプリ手羽先部門で3年連続最高金賞を受賞した、手羽先唐揚げは必食。赤ワインをベースにしたオリジナルのタレにスパイスと醤油を配合。風味豊かな甘辛ダレがよく絡む。

🏠名古屋市中村区則武1-7-15 ☎052-452-3737 🕐17:00〜23:00(LO22:00) ㊡日曜 🚇各線名古屋駅太閤通口から徒歩5分

名古屋駅周辺 ▶MAP 別P.8 B-2

MENU ○
名古屋コーチン
手羽先唐揚げ
750円（3本）
噛んだときの歯応えやジューシーな肉汁は名古屋コーチンならでは！

名古屋コーチンの旨みがぎゅっと鶏専門店の手羽先唐揚げ

EAT

ひつまぶし

味噌カツ

手羽先

麺類

喫茶

カフェ＆スイーツ

地元めし

夜ごはん

バリエーション豊富なラインナップも魅力

いろいろあるよ! きしめんコレクション

江戸時代より名古屋人に親しまれてきたきしめんは、幅広い麺と独特の食感が特徴。赤つゆの定番からアイデア豊かな変わり種まで勢揃い!お気に入りが見つかるはず。

身はプリプリ、衣は軽く食感も◎

なごやめしの定番をきしめんで再現!

レモンやすだちの酸味が食欲をそそる

きしころ

アレンジ

MENU
台湾きしめん
920円
たまりで仕上げる赤つゆにピリ辛ミンチの旨みがなじんでクセになる B

MENU
えびおろし 1350円
サクサクのエビが2本ものってボリューム感たっぷり!甘めのつゆがよく絡む A

定食スタイル

MENU
きしめん定食
1200円
赤つゆと呼ばれる醤油ベースのつゆのきしめんに天ぷらやご飯が付く A

赤つゆのきしめんとご飯の王道コンビ!

かんきつ系

MENU
太門 790円
白ダシのつゆに冬はレモン、春～秋はすだちをのせた、さっぱりとした一杯 B

昔ながらの製法によるきしめん

きしめんよしだ エスカ店
きしめんよしだ エスカてん

1890(明治23)年創業。国産小麦と塩、水のみを使う麺は、ツヤがあり少し厚めでもちもちの食感。つゆもムロアジやサバ節などを自社で削った香り高いダシを使用。豊かなコクと風味があり、麺との相性も抜群だ。

⌂名古屋市中村区椿町6-9 ☎052-452-2875 ⏰11:00～15:00、17:00～20:00(LO19:30)、金曜は11:00～15:00、17:00～20:30(LO20:00)、土・日曜は11:00～15:00、17:00～21:00(LO20:30) ㊡エスカに準ずる ㊂各線名古屋駅太閤通口から徒歩3分

名古屋駅周辺 ▶MAP 別P.8 B-2

"きしめんをソウルフードに"がテーマ

星が丘製麺所 久屋大通店
ほしがおかせいめんじょ ひさやおおどおりてん

名古屋の人気うどん店「太門」と「高砂」の店主が「日常的にきしめんを食べられる店を作りたい」と2022年にオープン。愛知県産小麦粉を使ったスタンダードなきしめんよりも幅広く薄い麺が特徴、口の中でツルリと躍る食感が楽しい。

⌂名古屋市東区東桜1-1-1 アーバンネット名古屋ネクスタビル1F ☎052-228-8737 ⏰11:00～21:00(LO20:30) ㊡無休 ㊂地下鉄久屋大通駅3A出口からすぐ

栄 ▶MAP 別P.7 E-1

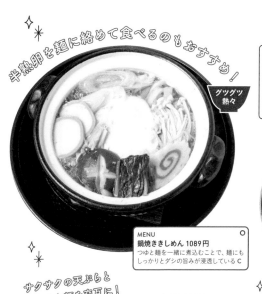

半熟卵を麺に絡めて食べるのもおすすめ♪

グツグツ熱々

蝶 WHAT IS

きしめん

うどんに比べて幅広く、薄いのが特徴。愛知県刈谷市の名物で昔いもかわうどんと呼ばれていた麺がルーツだと言われている（諸説あり）。

おろしとすだちでさっぱり感を堪能

ガッツリ肉系

MENU
鍋焼ききしめん 1089円
つゆと麺を一緒に煮込むことで、麺にもしっかりとダシの旨みが浸透している C

MENU
唐揚げおろしきしめん 780円
醤油ベースの味付けの大きな唐揚げがのる。味の強いダシとの相性も抜群 D

サクサクの天ぷらともちもち麺を交互に！

ざるきし

特製旨辛台湾ミンチがたっぷり！

アレンジ

MENU
天ざるきしめん 1155円
揚げたてのエビ天やししとう天が付く。つゆはやや甘めで麺にもよく絡む C

MENU
台湾きしめん 790円
紹興酒をベースに、豆豉、クコの実を加えた薬膳スープを使用。辛さは好みで3段階から選べる D

C

風味豊かなダシが決め手！
きしめん亭 エスカ店
きしめんてい エスカてん

昭和初期に創業以来、約90年変わらない味のきしめんが評判。一番ダシのみを使用したつゆは、鰹の風味が豊かで飽きのこない味わい。食べやすい厚みと幅にこだわった麺はしっかりと寝かすことでコシのある食感に。

🏠名古屋市中村区椿町6-9 ☎052-452-1955 🕐10:30～21:25（LO20:50）㊡エスカに準ずる 🚉各線名古屋駅太閤通口から徒歩3分

名古屋駅周辺 ▶MAP 別P.8 B-2

D

ふらりと立ち寄れるきしめんスタンド
大須のきしめん
おおすのきしめん

「大須ういろ」が手がける立ち食いカウンターのみのきしめん専門店。愛知県産小麦きぬあかりを使うツルツルもちもちの麺と、サバ節とムロアジ節から取るコクのあるダシで、より名古屋らしい一品に仕上げている。

🏠名古屋市中村区名駅4-7-25 サンロード ☎052-551-3316 🕐10:00～19:30 ㊡サンロードに準ずる 🚉地下鉄名古屋駅直結

名古屋駅周辺 ▶MAP 別P.9 C-3

🌙「冷やかけ」や「冷やしぶっかけ」などのメニューを「きしころ」と呼ぶ。温かくないきしめんを含むことも。 39

コク＆コシに驚くなかれ
奥深き味噌煮込みうどんワールドへ

ダシが効いたコク深い味噌つゆ、生麺ならではの独特のコシ。
一度味わうと忘れられないまさに名古屋味。ご飯と一緒に味わうのがおすすめ！

名物POINT 1
オリジナルの赤味噌を独自の技術で炊き上げた秘伝の特製味噌が決め手

名物POINT 2
三重県伊賀の陶土で特注している土鍋。最後まで熱々で、おいしさも増す

少し芯が残る麺を
噛み締めるほどに
濃厚な旨みがにじみ出る

MENU
味噌煮込うどん 1144円
小麦粉と真水のみの麺。
豊かな味わいの味噌つゆに
負けないコシを楽しんで

こちらもおすすめ

ニンニクが香る、スタミナもつ入り味噌煮込うどん2134円

創業以来の味を守り続ける
山本屋本店 栄本町通店
やまもとやほんてん さかえほんまちどおりてん

1907（明治40）年に創業した「味噌煮込うどん」の老舗。赤味噌に白味噌、ザラメを加えたあじ味噌に鰹節とムロアジ節が効いたつゆが自慢。麺工房で職人がその日の天気により調節し手打ちする麺との相性も抜群。

🏠名古屋市中区栄2-14-5 山本屋本店栄ビル1F ☎052-201-4082 🕐11:00〜22:00(21:30)、土曜は〜24:00(LO23:30) 🈳無休 🚃地下鉄伏見駅5番出口から徒歩7分

`栄` ▶MAP 別P.6 C-2

そば、うどん、きしめんなどすべて手打ち
手打ちそば処 丁字屋
てうちそばどころ ちょうじや

さまざまな麺を手打ちする確かな職人技が見事な、大須・万松寺の脇にある麺処。八丁味噌に信州産白味噌をブレンドした味噌煮込うどんは、上品な風味と喉越しのいい麺が格別。

🏠名古屋市中区大須3-29-6 ☎052-241-1492 🕐11:00〜20:30 (LO19:30) 🈳火曜 🚃地下鉄上前津駅8番出口から徒歩3分

`大須` ▶MAP 別P.10 C-1

2種類の味噌を使う
香り高い味噌ダレに
喉越し抜群の手打ち麺

MENU
味噌煮込うどん 1150円
味噌の豊かな風味に鰹
ダシを効かせた優しい味。
体も心も温まる

ムロアジのダシが効いた
味噌を吸った衣も絶品！
エビ天付きの定番味

細めの麺がすすりやすい！
にこみのたから

本店は、1901（明治34）年創業の大須
寶寿司。寒い時期の副業として始めた
という味噌煮込みは、ムロアジベース
のダシに八丁味噌をはじめ、ブレンド
した先代からの味を継承。すすって食
べられるやわらかさにこだわった細め
の麺が特徴だ。

🏠名古屋市中区大須2-16-17☎052-231-
5523 🕚11:30〜15:00、17:00〜19:00 ㊡
木曜（18・28日、祝日が木曜の場合は水
曜）🚇地下鉄大須観音駅2番出口から徒
歩5分

大須 ▶MAP 別P.10 B-1

MENU
天ぷらにこみ 1200円
味噌煮込みにエビ天を追加。
天ぷらのコクが加わり、
おいしさアップ

WHAT IS

味噌煮込みうどん

通常のうどんとは違い、塩
を加えずに打った専用麺を
生の状態から土鍋で煮込
む。味噌は豆味噌、ダシは
鰹やムロアジが基本。

"生きた"うどん
だからこそ
煮込の味がキマる

こちらもおすすめ

名古屋城の金シャチに見立てた
エビ天が2本付く金シャチ煮込う
どん2355円。店舗限定メニュー

名古屋城のお膝元で名店の味を
山本屋総本家
金シャチ横丁店
やまもとやそうほんけ きんシャチよこちょうてん

初代の店を受け継ぎ、1925（大正14）
年、大須で創業。カクキューの八丁味噌
と地元の白味噌を独自配合したコク深
い味噌出汁、コシのある硬めのうどん
がこだわり。3代で通うファンも多い。

🏠名古屋市中区三の丸1-2-5 名古屋城
金シャチ横丁義直ゾーンA棟☎052-
212-7488 🕙10:30〜15:00（LO14:30）、
土・日曜、祝日は〜16:00（LO15:30）㊡
火曜🚇地下鉄名古屋城駅7番出口から
徒歩10分

名古屋城 ▶MAP 別P.12 A-2

MENU
親子煮込うどん 2108円
名古屋コーチンとこだわり
卵入り。濃厚な味噌出汁と
こだわり卵の相性が抜群

金シャチ横丁義直ゾー
ンに。本店のある栄をは
じめ、市内に計5店舗

🍲 土鍋の蓋は穴があいていないものがほとんど。蓋を皿代わりにし、麺をのせて冷ましながら食べるのが名古屋流。

EAT

ひつまぶし

味噌カツ

手羽先

麺類

喫茶

カフェ＆スイーツ

地元めし

夜ごはん

EAT

06 名古屋人の大好物、エビグルメ

えびふりゃぁ～食べな始まらんて

サクサクプリプリエビフライが
名古屋のランドマークに!?

と迫力の
エビタワー!

MENU
特大海老タワー丼
9768円
栄のランドマークをイメージ。天然特大エビ3本がそびえ立つ(写真は4本でイメージ)

MENU
10本 城盛り定食
2178円
エビフライが山盛りでなく城盛り!自分で卵を崩しながら作る自家製タルタルソースと一緒に

おみやげに
おすすめ

テイクアウト限
定の大海老太
巻寿司1598円

個性派エビフライを楽しめる
海老どて食堂エスカ店
えびどてしょくどうエスカてん

どて味噌×エビフライが融合した「海老どて」とボリューム満点のエビフライが大人気。ピンとまっすぐの天然特大エビフライはなんと35cm!もちろん通常サイズや開きも。

🏠名古屋市中村区椿町6-9 ☎052-459-5517 🕚11:00～21:30(LO20:30)※ランチタイムは11:00～14:00 ㊡2月第3木曜、9月第2木曜 🚃各線名古屋駅太閤通口から徒歩3分

名古屋駅周辺 ▶ MAP 別 P.8 B-2

大きめのエビが3本!
満足度の高い人気の定食

手作りの洋食にほっと癒やされる
御幸亭
みゆきてい

名古屋を代表する老舗の洋食店。デミグラスソースやマヨネーズなどはすべて自家製。手作りの優しい味わいが人気を呼ぶ。

>>>P.117

MENU
エビフライ定食
1600円
サクサクの衣に包まれたエビは、弾けるようなプリプリの食感だ

大須にある
老舗洋食店

洋食屋
御幸亭

気づくとついエビグルメに手を伸ばす名古屋人。
スーパーに行けばえびせんもズラリと並ぶ。
名古屋人のエビ愛を代表する、二大エビグルメ
エビフライ&天むすはマストで味わいたい！

パンにも合うエビフライ

ご飯だけでなく、パンだって相性バッチリのエビフライ。エビフライの入るサンドイッチ（→P.49）やカレーパン（→P.97）なども大人気！

鉄板からはみでるほどの
大きなエビフライに感動！

フライものからハンバーグまで勢揃い！

キッチン欧味
キッチンおうみ

手間暇かけて作る洋食が評判。看板商品のジャンボエビフライは身がプリプリで衣の中にぎっしり！タマネギやピクルスがどっさり入った自家製タルタルソースとの相性も抜群だ。

🏠 名古屋市千種区千種 1-9-23 ☎052-734-0345 ⏰11:00〜15:00、17:00〜21:00 🈺月曜（祝日の場合は翌日）🚇地下鉄吹上駅 6番出口から徒歩 7分

吹上 ▶ MAP 別 P.10 A-3

エビフライはカットされ提供

MENU
ジャンボエビフライ定食
2600円（単品2400円）
長さ約25cmのブラックタイガーを使用。衣は薄付きでエビの歯応え、旨みが感じられる

1本ずつ追加も！

追加ジャンボエビフライは1本1080円。カットなしも対応可能

"さめてもおいしい"にこだわり、
食材を厳選

天むす
小エビの天ぷらを具にした小ぶりのおむすび。エビ天の旨みとご飯、海苔が合う！進化系も登場中

鬼も笑うほどうまい!?
進化系天むす

天むす屋 鬼天
てんむすや おにてん

名古屋一のアーケード街である大須商店街で、新たなブームを巻き起こしている天むす専門店。定番の海老天など常時10種類が揃う。

>>>P.118

衣はサクッ！ご飯や海苔もこだわった逸品

MENU
黒米天むす
778円（5個入/1人前）
ほんのり香る黒米の香ばしさともち米のもちもちとした食感が◎

コロンとしたサイズ感もいい！

地雷也 徳川本店
じらいや とくがわほんてん

天むすお持ち帰り専門店。おかずも入る天むす弁当もある。店頭で注文を受けてから、一つひとつ丁寧に握る手作りならではの味わいにほっこり。できたてが持ち帰れるのもうれしい。

🏠 名古屋市東区徳川 1-739 ☎0120-41-1064 ⏰9:00〜17:00（LO16:00）🈺不定休 🚇地下鉄車道駅 1番出口から徒歩15分

車道 ▶ MAP 別 P.13 E-2

MENU
天むす
1512円（10個入/2人前）
エビ天は秘伝のダシ醤油で味付けし、アクセントに胡椒を。甘みのあるお米との相性もよい

天むす茶漬けで味変

MENU
海老天
220円（1個）
時間が経っても衣のサクッと食感をキープ。そそり立つエビが印象的

お茶漬け出汁150円をかけて天むす茶漬けに！夏は冷やし茶漬けに

🌸 地雷也はジェイアール名古屋タカシマヤ（→P.112）や名古屋栄三越（→P.103）、サカエチカなどにも店舗あり。

43

サイドタブ
EAT
ひつまぶし
味噌カツ
手羽先
麺類
喫茶
カフェ＆スイーツ
地元めし
夜ごはん

きしめん、味噌煮込みだけじゃにゃーよ!
名古屋麺が大集合!

ラーメン、うどん、スパゲッティなど、定番人気の麺料理に注目!
名古屋発祥メニューや独自に進化し根付いたメニューなど、名古屋スタイルの麺がたくさん。

元祖台湾ラーメンはこちら
中国台湾料理 味仙 今池本店
ちゅうごくたいわんりょうり みせん いまいけほんてん

グループから一人客まで、絶えずにぎわう人気店。名物・台湾ラーメンは、台湾出身の店主が台湾の「担仔麺」を激辛にアレンジしたオリジナル。辛味と旨みのバランスが絶妙。

🏠名古屋市千種区今池1-12-10 ☎052-733-7670 🕐17:30〜翌2:00(LO翌1:30) 🈺無休 🚇地下鉄今池駅9番出口からすぐ

`今池` ▶MAP 別P.10 A-3

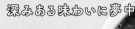

辛さの裏にある
深みある味わいに夢中

MENU
台湾ラーメン(アメリカン)
750円
通常より唐辛子の量を半分ほどに。辛さ控えめだが、ピリリとした刺激は健在

MENU
台湾ラーメン(イタリアン) 810円
通常の台湾ラーメンの約2倍の唐辛子を使用。襲ってくる激しい辛さに汗だく、口の中はヒリヒリ

MENU
台湾ラーメン
750円
唐辛子とニンニクで炒めたミンチとニラがどっさり。旨みと刺激的な辛さが◎

 WHAT IS

味仙

味仙は郭家5兄弟による店で、1号店の今池本店を筆頭に5系統。各店舗でメニューや味付けが異なるのも特徴。

具材の旨みが
一体となり
箸が進みすぎる!

豪快に混ぜて食べるのがポイント
台湾まぜそば はなび 錦店
たいわんまぜそば はなび にしきてん

台湾まぜそば発祥店として知られる「麺屋はなび」の系列。スープがないまぜそばは、ゆでた麺が具と絡みやすいよう手間を加えるのがこだわり。台湾ミンチや魚粉などの旨みを味わって。

🏠名古屋市中区錦3-12-22 新錦ビル1F ☎052-962-7500 🕐11:30〜14:30、18:00〜22:00(LO21:50) 🈺月曜 🚇地下鉄栄駅1番出口から徒歩4分

`栄` ▶MAP 別P.6 C-2

MENU
元祖台湾まぜそば
1000円
台湾ミンチ、卵黄、ニラ、魚粉などがのる。〆に無料の追い飯を投入!

MENU
キミスタ
1000円
台湾ミンチの代わりに、カットしたチャーシューをトッピング

麺、ルゥ、ダシが
三位一体の絶妙な味わいを

カレーうどん
名古屋生まれではないが、独自に進化。スパイスを調合したとろみのあるルー、極太麺、動物系スープが特徴

MENU
カレー煮込うどん
（生玉子トッピング）
950円
オリジナルの濃厚カレールゥは鶏ガラや鰹などから取るダシとの相性は抜群

MENU
牛すじカレー煮込うどん
1410円
人気の牛すじをトッピング。麺を食べ終わった後は残ったスープにライス220円を投入がおすすめ

とろとろ
スパイシー♪
〆の一杯はコレ！

トッピングも豊富
〆もアレンジ自在
鯱市 錦通伏見店
しゃちいち にしきどおりふしみてん

「山本屋本店」（→P.40）によるカレーうどん専門店。味噌煮込うどんのノウハウを生かし、あの独特のコシも実現。店内はNYブルックリンのダイナーをイメージ。ギャップも楽しい。

🏠名古屋市中区錦2-16-21 ☎052-223-2531 🕐11:00〜15:00(LO14:30)、17:00〜21:00(LO20:30) 🈺無休 🚇地下鉄伏見駅1番出口からすぐ

`伏見` ▶MAP 別P.6 B-2

スパイスの香りが漂う繁華街のうどん店
うどん錦
うどんにしき

職人気質の店主が、ネオンきらめく繁華街のど真ん中で営んで40年以上。ほとんどの客が注文するというカレーうどんは、太めの自家製麺にとろりとしたスープがよく絡む。ほっと心が安らぐ味わい。

🏠名古屋市中区錦3-18-9 錦花園ビル1F ☎052-951-1789 🕐11:30〜13:30、17:30〜翌2:00、土曜は19:00〜翌2:00 🈺日曜、祝日 🚇地下鉄栄駅1番出口から徒歩2分

`栄` ▶MAP 別P.7 D-2

MENU
カレーうどん
900円
スパイスが使われているが辛くなく、どこか昔懐かしい味わい

スガキヤ育ちの
名古屋っ子多数！！

スガキヤ
物心付く頃から白濁したスープの味わいが体に染み込んでいる人多し。ラーメンというよりスガキヤ

MENU
冷しラーメン（春夏限定）
580円
醤油ベースの特製スープが◎。マヨネーズを混ぜながら味わって

🍴WHAT IS

ラーメンフォーク

コスト削減、環境問題対策のため、職人が作った機能的なカトラリー。2007年誕生の2代目デザインは、ニューヨーク近代美術館MoMAでも展示されるほど。

愛知県民のソウルフード
Sugakiya 大須赤門店
スガキヤ おおすあかもんてん

1946(昭和21)年に始めた名古屋・栄の甘味処がルーツ。1948(昭和23)年に「寿がきや」として開業し、ラーメン、甘味を提供する人気店に。名古屋だけでなく東海地方を中心に展開。リーズナブルで、老若男女に愛されている。

MENU
特製ラーメン
560円
魚介と豚骨のWスープ。スガキヤ特製肉と半熟玉子入りのスペシャルメニュー

🏠名古屋市中区大須3-30-8 市野ビル1F ☎052-261-0895 🕐10:30〜20:30(LO20:00) 🈺無休 🚇地下鉄上前津駅9番出口から徒歩4分

`大須` ▶MAP 別P.11 D-1

MENU
麻辣スパ
1100円（Sサイズ）
豚バラ肉やニンニクの芽
などがたっぷり。花椒の
シビ辛がアクセントだ

名古屋名物「あんかけスパ」の名付け親！
からめ亭 丸の内店
からめてい まるのうちてん

牛肉や根菜をベースに長時間煮込み、
上質な黒胡椒をしっかりと効かせたソー
スは口に入れた瞬間パンチがあり旨
みが濃厚。「しっかりと食べて満足して
ほしい」とボリュームも満点だ。Sから
Wまでサイズが選べるのもうれしい。

🏠名古屋市中区丸の内2-14-4 エグゼ丸
の内ビル1F ☎052-212-3537 🕐11:00～
20:30（LO20:00）、土曜、祝日は～16:00
（LO15:30）※なくなり次第終了 ㊡日曜
🚇地下鉄丸の内駅2番出口から徒歩3分

丸の内 ▶MAP 別P.6 B-1

MENU
ミラカン 1199円（Sサイズ）
トマトやタマネギ、ベーコンなど約
8種類の具が入り食べ応え十分

あんかけスパ
ゆで置きした太いスパをラ
ードなどで炒め、とろりと
したスパイシーなあんかけ
ソースを絡める

元祖あんかけスパゲッティ！
辛さが後を引く
風味豊かなソースに夢中

MENU
バイキング 950円
見た目は海賊をイメージ。ソーセ
ージや魚フライなどをON

熟成させたスパイシーなソースが特徴
スパゲッティハウスヨコイ
住吉店
スパゲッティハウスヨコイ すみよしてん

創業60有余年を誇る、あんかけスパ
ゲッティ専門店。創業当時の店主がミ
ートソースをヒントに、日本人好みの
ソースへとアレンジ。2日間かけて煮込
み、1週間冷蔵庫で熟成させるソース
はスパイシーで太麺によく絡む。

MENU
海老ネーズ
1150円
衣はサクサク、身はプリ
プリのエビをのせ、なご
やめしらしさを演出

豚肉のピカタがのリボ
リューミーなカントリ
ーピカタ990円

🏠名古屋市中区栄3-10-11 サントウビ
ル2F ☎052-241-5571 🕐11:00～15:00
（LO14:30）、17:00 ～ 21:00（LO20:30）
㊡月・火・日曜の夜、祝日の夜 🚇地下鉄
栄駅16番出口から徒歩7分

栄 ▶MAP 別P.6 C-2

決め手は豚肉！
これぞ名古屋名物
鉄板スパの元祖

濃厚スパゲッティと
深煎りコーヒーは
相性ぴったり

麺のまわりに
溶き卵を流して
仕上げ！

MENU
元祖鉄板イタリアン
スパゲッティー
650円
具材に豚肉を使うことで、コクが
出る。ハンバーグトッピング850
円も人気

MENU
スパゲッティ 560円
できたては卵がモコモコの状態。具材
はウインナーとピーマンとタマネギ

旧店舗の記憶を受け継ぐ老舗喫茶
喫茶ユキ
きっさユキ

1957（昭和32）年創業の喫茶店。鉄板
スパは、初代店主がローマ視察のとき
に食べた鉄板ステーキをヒントに開発
した。2018年に移転したが、旧店舗の
様子を偲ばせるアイテムは今の店に
も受け継がれている。

🏠名古屋市東区葵3-2-30 ☎052-935-16
53 ⏰10:30～15:00 🈺金・土曜 🚇地下鉄
車道駅4番出口から徒歩2分

車道 ▶ MAP 別P.13 E-3

SNSをきっかけに若者人気が上昇中！
喫茶 モック
きっさ モック

名古屋駅から徒歩8分とアクセス抜群ながら、19
79（昭和54）年創業時から変わらない昭和レトロ
な雰囲気が残る。リーズナブルな価格も◎。
>>>P.50

鉄板スパ
熱々の鉄板にケチャップ味
のスパゲッティを盛り付
け。とろとろの卵を麺に絡
めなから味わう

MENU
焼き太きしめん
770円～
ダシと自家製のタレで炒
めるきしめんは、味が染
み込み、食感ももちもち

焼きうどんとは異なる
新食感の焼ききしめん

味噌味のきしめんは
卵でまろやかに

焼きみそ太きしめん870円も人気。
味噌文化の名古屋らしい一品

鉄板の上はスパならぬきしめん!!

地元民もハマるきしめんの新しい食べ方
朝日屋
あさひや

通常きしめんの1.5倍幅がある釜
揚げ用の幅広きしめんが自慢。店
主が「きしめんをもっと違う食べ方
で楽しめないか」と考えた焼き太
きしめんが、今では名物に。鉄板
で出されるので香りも格別。

🏠名古屋市中村区則武1-18-16 ☎052-
451-5930 ⏰11:00～15:00、17:00～
21:00(LO20:30)、土曜は11:00～15:
00、17:00～20:00(LO19:30) 🈺日曜
🚃各線名古屋駅太閤通口から徒歩9分

名古屋駅周辺 ▶ MAP 別P.8 A-2

あんかけスパ「ミラカン」とは、野菜と肉類が入るメニュー。野菜の「カントリー」とハムやソーセージの「ミラネーゼ」のメニュー名に由来。

EAT

ひつまぶし

味噌カツ

手羽先

麺類

喫茶

カフェ&スイーツ

地元めし

夜ごはん

居心地抜群！老若男女に愛されるオアシス

名古屋ご当地喫茶へ行こみゃぁ

休日朝の家族でのモーニングや平日午後のちょっと一服に。
名古屋人の日常に欠かせない名古屋喫茶の魅力を体感してみよう！

全国へも進出した
名古屋喫茶の代表格

コメダ珈琲店

名古屋発のフルサービス型喫茶店。全国的知名度のシロノワールやボリューム満点のカツパンシリーズなど、オリジナルメニューが豊富。

本店はコチラ

コメダ珈琲店
data

創業
1968（昭和43）年

店舗数
名古屋市内121軒
※2023年5月現在

コーヒー
コメダブレンド 500円～

コーヒーチケット
9枚 3800円

モーニング
開店～11:00

ドリンクを注文するとトーストまたはロープパンとトッピング1種。トッピングは小倉あんなど

2階建ての店舗。吹き抜けの開放的な空間が気持ちいい

2022年にリニューアルオープン
コメダ珈琲店 本店
コメダこーひーてん ほんてん

"街のリビングルーム"のコンセプトそのままに、多くの人でにぎわう。木材やレンガを多用した温もりある店内に、コメダおなじみの赤いソファ。居心地がよくつい長居に。

🏠名古屋市瑞穂区上山町3-14-8 ☎052-833-2888 🕐6:30～23:30 ㊡無休 🚇地下鉄いりなか駅2番出口から徒歩13分

いりなか

▶MAP 別P.5 D-3

駅からお散歩気分でアクセス！

テーブルは分厚くしっかり固定！

メニューはコチラ

食事メニューも充実

王道

温かいデニッシュにソフトクリーム！

コメダブレンド
500円。苦みとコクを感じる濃厚な味わい

ふんわり自家製パンにプリプリエビカツ

エビカツパン
970円。特製サウザンソースがアクセント

まさにガッツリ系食べ応えハンパなし

みそカツパン
970円。揚げたてカツに濃厚味噌ダレを

シロノワール
700円。ミニサイズや期間限定メニューも

クリームソーダ
600円。ブーツ形グラスがかわいすぎ！

ビーフシチュー
1200円。ポテサラとチーズとゴロゴロビーフが入ったシチュー

自慢のドミグラスバーガー
680円。肉厚パティに特製デミグラスの本格派

※メニューの価格、コーヒーチケットのつづり枚数は店舗により異なる

昔ながらのレトロな雰囲気に心安らぐ

コンパル 大須本店
コンパル おおすほんてん

強めの苦みとコクが特徴の濃厚なオリジナルブレンドコーヒーやレストランで腕を磨いたシェフが発案した本格派サンドイッチなど、"コンパルの味"が多数。

🏠名古屋市中区大須3-20-19 ☎052-241-3883 🕐8:00〜19:00（LO 18:30）🈺無休 🚇地下鉄上前津駅8番出口から徒歩3分

大須 ▶MAP 別P.10 C-1

本店はコチラ

新聞はコンパルで読むという常連客たちも

名古屋喫茶文化を牽引してきた老舗

コンパル

名古屋に根付き、店舗は市内に展開する。創業当時から変わらないコーヒーはじめ、名物も魅力。

コンパル data

創業
1947（昭和22）年

店舗数
名古屋市内8軒
※2023年5月現在

コーヒー
ホットコーヒー480円〜
コーヒーチケット
11枚4800円
モーニング
開店〜11:00

好みのドリンクに＋150円でハムエッグトーストが付く

メニューはコチラ

サンドイッチは必食

揚げたてジューシーなカツをサンド！

エビフライサンド
1100円。カツソースとタルタルソースの2種を使用

ポークカツサンド
800円。自家製ソースとカツの相性が抜群

コーチン玉子サンド
780円。濃厚な味わいの分厚い玉子焼きをIN

自分で合わせるセパレートタイプ

名物

アイスコーヒー
480円。ホットよりさらに濃く抽出している

ハンドドリップで提供するコーヒー専門店

支留比亜珈琲店

愛知県内に多店舗展開している名古屋発のチェーン。コクの強い深い味わいのコーヒーが楽しめる。

本店はコチラ

囲炉裏のある和の空間も！

創業以来変わらない渋い雰囲気の店内

支留比亜珈琲店 data

創業
1972（昭和47）年

店舗数
名古屋市内18軒
※2023年5月現在

コーヒー
特製ブレンドコーヒー450円〜
コーヒーチケット
11枚4300円
モーニング
開店〜11:00

コーヒーなどのドリンクにトーストが1枚付く

メニューはコチラ

アイスコーヒー
450円。コーヒー豆はコクのあるフレンチローストを使用

厚切りトーストに濃厚クリームソース

カルボトースト
720円。生クリームとゴーダチーズのソースがたっぷり

重厚感ある店内で香り高い一杯を

支留比亜珈琲店 徳川本店
しるびあこーひーてん とくがわほんてん

独自の抽出による深い味わいのブレンドコーヒーにファンが多い。先代社長が考案した名物のカルボトーストなど、パンメニューも充実する。

🏠名古屋市東区徳川2-12-18 ☎052-935-6128 🕐7:00〜17:00 🈺火曜 🚇名鉄森下駅から徒歩5分

大曽根 ▶MAP 別P.13 E-1

名古屋喫茶のコーヒーはたいてい、苦み強めの濃い味わい。フレッシュを加えると味がガラリと変わるので、忘れず試してみて。

オンリーワンの魅力にぞっこんです
王道 & 新顔はコチラ

<ruby>王道<rt>クラシック</rt></ruby> & <ruby>新顔<rt>ニューフェイス</rt></ruby>はコチラ

名古屋喫茶

喫茶店文化が根付く名古屋には、新旧の喫茶店がそこかしこに。
昭和レトロを感じる店や、ネオレトロな喫茶店などどこも落ち着いてくつろげる。

SINCE
1979

昭和レトロな喫茶店

名古屋駅から徒歩圏内！

クリームソーダ 460円は
緑、赤、青から選んでオー
ダー。クリームソーダをデ
ザインしたマドラーがかわ
いすぎる♪ 小倉トースト
380円とコーヒー380円。
厚みのあるトーストサンド
に大満足

a

母が創業した喫茶店を、2代目の姉妹が切り盛り。時代を
感じる昭和レトロな雰囲気が「エモい」と、SNSで話題を呼
んでいる。名古屋喫茶の醍醐味のひとつであるモーニング
は11時まで。ドリンク代のみでトースト、ゆで卵が付く。

喫茶 モック
きっさ モック

名古屋市中村区太閤4-1-4 ☎052-452-5113 営7:30〜
16:00、土曜、祝日は〜12:00 休日曜 交各線名古屋駅太閤
通口から徒歩8分
名古屋駅周辺

b

COFFEE ボンボン

洋菓子 ボンボン

どこを見てもフォトジェニック！

洋菓子・喫茶 ボンボン
ようがし・きっさ ボンボン

レトロなソファやテーブルが並ぶ店内は、まるで昭和にタイムトリップしたようなエモーショナルな空間。香り豊かでやや苦めのブレンドコーヒーは、自家製のケーキによく合うと好評だ。ケーキは常時30種類以上とバラエティ豊か。

🏠名古屋市東区泉2-1-22 ☎052-931-0442 🕐8:00〜21:00 ㊡無休 🚇地下鉄高岳駅1番出口から徒歩4分

高岳 ▶MAP 別P.13 D-2

昭和の趣ある喫茶で甘美なスイーツタイム

SINCE **1949**

a 1968（昭和43）年に火事で焼失するも、昔の趣を残して再現 b ふわふわのスポンジとあっさりした生クリームが評判のマロン330円（テイクアウト320円）とコーヒー360円 c フルーツがのったプリンローヤル650円

どうぞのんびり休憩してください

洋菓子店としても評判の人気店

SINCE **1963**

コーヒーや甘味はもちろん朝からきしめんもあり

名古屋喫茶はフードメニューも独創的

喫茶チロル
きっさチロル

初代がスキー愛好家であったことからチロルと命名。年季の入ったテーブルやイスが並ぶ店内は落ち着いた雰囲気で、長居をする常連も多い。麺類が好きだった初代のこだわりで、喫茶店には珍しいきしめんもメニューにある。

🏠名古屋市西区牛島町5-3 ☎052-561-2802 🕐7:00〜11:00、13:00〜18:00、土曜は8:00〜14:00 ㊡日曜、祝日、振替休日 🚇各線名古屋駅桜通口から徒歩10分

名古屋駅周辺 ▶MAP 別P.8 B-1

ハワイアンブルーシロップを使ったクリームソーダ650円 2代目の加藤義昭さん a 初代である父の思いを受け継ぐきしめん650円。麺は安城市のたつみ麺店のもの c 「山小屋」を彷彿とさせる雰囲気

COFFEE・SNACK CHIRORU

洋菓子・喫茶 ボンボンではケーキや焼き菓子の販売も。レトロなマドレーヌなどはおみやげに最適。

51

EAT

ひつまぶし

味噌カツ

手羽先

麺類

喫茶

カフェ＆スイーツ

地元めし

夜ごはん

SINCE
1972
頃

ビルの中とは思えない
隠れ家のようなくつろぎ空間

サイフォンで丁寧に淹れるコーヒー。ストレートコーヒーも揃う

インテリアと前店主のこだわりはそのままに

1日2回来てくれる常連さんも

ビジネス街のオアシス的存在

コーヒー専門店 蘭
コーヒーせんもんてん らん

重厚な石壁やオリエンタルな壁紙に囲まれた空間に、中2階、少し低い位置の1階カウンター席など、そこここにこだわりが光る。現店主は、前オーナーが突然亡くなってしまい、隣のよしみで引き継いで守り、2023年に5周年を迎えた。

名古屋市中区丸の内2-13-8 ☎052-201-8420 ⊛10:00〜17:30（LOフード17:00、ドリンク17:15）⊛土日曜、祝日 ⊛地下鉄丸の内駅4番出口から徒歩5分
丸の内

@店主ひとりで切り盛り。忙しいときは隣の店から妹さんがヘルプに。常連客や珈琲豆業者に聞きながら前オーナーの味を再現。蘭ブレンド500円 人気のセット、蘭スペシャル950円 厚切りトーストに2種類のチーズをたっぷりON

a クリームソーダ（クッキー付き）各759円 b じっくり蒸し焼きした風味豊かなプリン539円

EAT

ひつまぶし

味噌カツ

手羽先

麺類

喫茶

カフェ&スイーツ

地元めし

夜ごはん

ちょっぴりの古さがエッセンス

喫茶ゾウメシ
きっさゾウメシ

革張りソファやタイル張りのキッチンなど、レトロで味のある喫茶店。西尾市の味噌蔵が手がけており、昔ながらの製法で作るデザートのほか、肉味噌入りたまごサンド935円など、味噌を使ったメニューも人気がある。

🏠名古屋市西区菊井1-24-13 ☎052-565-0500 ㋺9:00〜18:00（LO17:30）㋺不定休 🚇地下鉄亀島駅2番出口から徒歩10分

亀島 ▶MAP 別P.4 B-1

SINCE 2017

レトロなルックス♪ クッキーもキュート

SINCE 2018

新たな喫茶文化を創る "グランド喫茶"

こしあん× 角切りバター

a 甘じょっぱいあんバタサンド600円 b 塩漬け肉を煮込んだソルトビーフサンド880円

朝から夜まで時間帯を問わず楽しめる

シヤチル

喫茶店の懐の深さを体現する"グランド喫茶"がテーマ。モーニングをはじめ、アイデア豊かなサンドイッチやスイーツなども充実し、夜まで喫茶メニューを楽しめるのが魅力だ。かためのシヤチルのプリン750円もチェック。

🏠名古屋市千種区今池1-5-9 ☎052-735-3337 ㋺11:30〜21:00、土・日曜は9:00〜 ㋺月曜 🚇地下鉄今池駅10番出口から徒歩3分

今池 ▶MAP 別P.10 A-3

エンタメ喫茶へ潜入！

盛り付けやパフォーマンスでも楽しませてくれる話題の店へGO！
写真映えバッチリのパフェやコーヒーに感嘆！

喫茶ツヅキ
きっさツヅキ

遠方からも客足が絶えない老舗喫茶店。かつては2代目店主が脚立の上からカフェオレを落とすパフォーマンスが名物だったが、今はウインナーコーヒーやパフェなど、あっと驚くビジュアルのスイーツが評判。

🏠名古屋市中村区太閤通6-1 ☎052-482-0001 ㋺7:30〜18:00（LO17:00）㋺水曜、不定休 🚇地下鉄太閤通駅1番出口から徒歩7分

太閤通 ▶MAP 別P.4 A-2

SINCE 1946

フルーツとアイスクリームが山盛り。プリンパフェ1280円は要予約

ホイップクリームのマウンテンに感動！

約50cmの高さを誇るウインナーコーヒー650円は盛り付けも神業

脚立の上からカップにカフェオレを注ぐ「地獄落とし」は、現在あまり行われていない幻の技

甘いものはいつだって別腹！

話題のスイーツでおやつの時間

狙い撃ちスイーツから、散策の合間にふらっと立ち寄って甘いもの！のお店まで。
名古屋が誇るスイーツメニューの数々をご堪能あれ。

かき氷

氷の旨さが際立つ
氷問屋のふわふわかき氷

江戸時代創業の老舗が手がける和パフェ

両口屋是清 東山店
りょうぐちやこれきよ ひがしやまてん

1634（寛永11）年創業の和菓子店。1階ではお菓子を販売。2階は、生菓子やカフェメニューでくつろげる空間に。
>>>P.90

ほろ苦く甘い抹茶の
豊かな味わいを満喫

スタンダードな氷は懐かしい味わい

甘味や 澤田商店
かんみや さわだしょうてん

創業80年以上の、戦前から続く氷問屋が営む甘味処。店の主役であるかき氷は、ふわりとした口溶けのよさが特徴。産地や製法にこだわった自家製シロップと上質な氷の相性を楽しんで。

🏠名古屋市中区栄1-13-31 ☎052-231-4162 🕚11:30〜19:00、11〜3月は日曜、祝日のみ〜18:00 ㊡火曜 ㊍地下鉄伏見駅7番出口から徒歩8分

伏見 ▶MAP 別P.6 A-3

しろみつ、くろみつなどかき氷は350円〜とリーズナブル

和パフェ

抹茶プリンや寒天を盛り込んだ抹茶パフェ990円

癒やされる
ボタニカルカフェ

シュークリーム＆クロワッサン

花のようにカラフルなクロワッサン、フルーリッサンは各250円

ボタニカル系インテリアも素敵

KW THE KITCHEN WONDERLAND
ケイダブリュ ザ キッチン ワンダーランド

2023年3月にリニューアルし、地方創生SDGsカフェ＆レストランに。カフェタイムや軽食にぴったりなスイーツも揃う。スムージー片手にのんびりしたい。

🏠名古屋市中区栄3-3-1 Maruei Galleria1F ☎052-253-7720 🕚10:00〜21:30（LO21:00）㊡施設に準ずる ㊍地下鉄栄駅サカエチカ S8番出口からすぐ

栄 ▶MAP 別P.7 D-2

キューブシュークリームはカスタード、ラズベリーなど5種類。各360円

EAT

ひつまぶし

味噌カツ

手羽先

麺類

喫茶

カフェ＆スイーツ

地元めし

夜ごはん

食べ進めるごとに新たな発見！
ケーキ屋さんの美しいパフェ

ショコラマロンパフェ1680円はアルコール入りで大人の味わい

香ばしく風味豊かなピスタチオとベリーのパフェ1870円

パフェ

パティシエの技で作る華麗なパフェ
L'ECRIN DE YUMIKO
レクランドユミコ

フランスと東京で修業したオーナーが腕を振るうケーキ店。併設のイートインスペースではパフェを楽しめる。クリーム、スポンジ、パイなどどれも繊細な味で本格的。

🏠名古屋市千種区高見1-26-4 タカミ光ビル ☎052-439-6280 🈺11:00～18:00 🈡月曜、不定休 🈳地下鉄池下駅1番出口から徒歩7分

池下 ▶MAP 別P.10 C-2

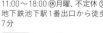

アシェットデセール

ドーナツ a

メルヘンワールド炸裂！
女子憧れのフラワーカフェ

ラブリーなドーナツに胸キュン
Lyrical coffee donut
リリカル コーヒー ドーナツ

a フラワードーナツ各407円 b レモネード（ソーダ割り）660円 c ドライフラワーに囲まれた幻想的な店内

ドライフラワーショップに併設するカフェで、小ぶりでキュートなドーナツが名物。なかでもエディブルフラワーがデコレーションされたフラワードーナツが大人気。

🏠名古屋市中村区亀島1-1-1 新名古屋センタービル138-139 ☎052-526-0209 🈺11:00～17:30 🈡月・火曜 🈳地下鉄亀島駅3番出口から徒歩3分

亀島 ▶MAP 別P.8 B-1

アシェットデセールは、ドリンクセットで各2000円。メニューは頻繁に入れ替わる

旬の果物の力強さを最大限に引き出す
アシェットデセール専門店 Lyrique
アシェットデセールせんもんてん リリック

「アシェットデセール」に魅せられた店主がパリ・東京で腕を磨き、満を持して専門店をオープン。コーヒー、紅茶はもちろん、ワインと合わせるのもおすすめだ。

🏠名古屋市西区那古野1-23-9 2F ☎052-734-6170 🈺13:00～19:30（LO 18:45）、土・日曜は～21:30（LO20:00）🈡不定休 🈳地下鉄国際センター駅2番出口から徒歩5分

那古野 ▶MAP 別P.9 E-1

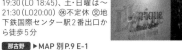

大正時代に思いを馳せながら

レトロな空間でカフェタイム♪

名古屋市内にあるとは思えない、レトロな古民家や邸宅の一角でのんびり。
時がゆっくりと流れる空間でおいしいスイーツやお茶に舌鼓。

❝ここはビストロ!?
唯一無二のカフェへ❞

古民家カフェ

鶴舞公園ができる前からこの地に立つ。築一一〇年にもなる貴重な古民家。

d

a季節のショートケーキ b自家製ペーストから作るリッチな味のホットココア650円
c一番人気のキッシュランチ1500円d お菓子は店内で丁寧に手作り

MENU ○
名古屋コーチン卵の
"黄金"シュークリーム
500円
名古屋コーチンの卵の濃厚な風味と、サクッと香ばしい生地が絶妙!

a

b

隣の席との距離も広く、ゆったりとくつろげる

木々に囲まれた都会のオアシス

nunc nusq
ヌンク ヌスク

フランスの一つ星レストランや東京の有名ホテルで研鑽を積んだオーナーシェフの稲垣直也さんが手がけるカフェ。野菜料理が得意な稲垣さんが作るヘルシーで体が喜ぶランチメニューを堪能しよう。パティシエと試行錯誤して生み出すスイーツも絶品。

🏠名古屋市昭和区鶴舞1-1-168 鶴舞公園内 ☎052-364-9292 🕐11:30〜17:00 (LO16:30) 🈳水・木曜不定休 🚃JR・地下鉄鶴舞駅4番出口から徒歩2分

鶴舞 ▶MAP 別P.4 C-2

EAT
ひつまぶし
味噌カツ
手羽先
麺類
喫茶
カフェ＆スイーツ
地元めし
夜ごはん

WHAT IS

文化のみち橦木館 (しゅもくかん)

輸出陶磁器商として名を馳せた井元為三郎が、大正末期から昭和初期に建てた邸宅。往時の面影を今に伝えている。

MENU
**パンケーキセット
1000円〜**
ドーナツタイプのパンケーキと紅茶などのドリンクセット。自家製ティーソース付き

館内は見学もできる！

館内は壁に施された漆喰の装飾や、意匠を凝らしたステンドグラス、和室には鶴や鳳凰の木製彫刻欄間や猫間障子などがあり、建築物としても見どころたっぷり

文化のみち橦木館内のモダンな空間

SHUMOKU CAFE
シュモク カフェ

文化のみち橦木館は、風情ある日本家屋とレトロな趣の洋館、蔵や茶室、日本庭園がある名古屋市の文化財。館内の一角にあるカフェではスリランカの限られた地域で栽培される希少な茶葉を扱うムレスナ社の紅茶700円〜などを味わえる。

🏠 名古屋市東区橦木町2-18 文化のみち橦木館 1F ☎ 080-2137-8449 🕐 10:30〜17:00 🈺月曜 🚇地下鉄高岳駅1番出口から徒歩10分

`高岳` ▶ MAP 別 P.13 D-2

aカフェにはテラス席も **b**ミルクティーフロート（右）と紅茶のクリームソーダ（左）各850円。「ぼのむどぅねーじゅ」のジェラートをトッピング

" 大正時代に迷い込んだような 非日常空間が広がる "

邸宅カフェ

緑豊かな敷地は約600坪あり、洋館、和館、茶室などが立ち並ぶ。

ライスもアルコールも進む！
キャラ濃いめ！夜の名古屋グルメ

パンチのあるビジュアルとシチュエーションにワクワクが止まらない！
地元の人たちでにぎわう名古屋グルメにチャレンジしてみよう。

甘辛風味の秘伝のタレで
ビールが止まらない！

みの
豚の胃袋。コリコリとした歯応えが◎。450円

とんちゃんや ふじ はなれ

大須で40年愛された「岡ちゃん」の味を受け継ぐホルモン焼き店。開店と同時に客が押し寄せ、たちまち満席に。味噌と醤油、ニンニクなどをブレンドしたタレを絡めた、特製とんちゃんは外せない逸品。

🏠名古屋市中区大須2-29-30 ☎052-880-6693 ⏰16:50〜21:50 ㊡不定休 🚃地下鉄大須観音駅2番出口から徒歩4分

大須 ▶MAP 別P.10 B-2

タン
豚タン。「旨みはギタン以上」との声多し。550円

サガリ
噛めば噛むほど味が出ると人気。550円

WHAT IS

MENU
とんちゃん(味噌)
300円
プリッとした豚ホルモンに、名店から受け継いだ味噌ダレを絡めている

こちらも一緒に

キュウリ400円は箸休めに最適

とんちゃん
豆味噌ベースのタレを豚ホルモンに絡め、しっかり焼いて食べる名古屋風の焼肉。もくもくと立ち上る煙に包まれて味わうのが醍醐味。

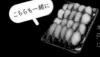

とんちゃんデビューならこの店で！

とんちゃん 横井
とんちゃん よこい

約10種類のバラエティに富んだ味のとんちゃんが揃う。岐阜県産の新鮮な豚肉を丁寧に下準備するため臭みはなくプリプリ。オーダーが入ってからタレと合わせ味付けし、味により肉の部位も変えている。タブレットで注文できるのも◎。

🏠名古屋市千種区今池5-10-5 ☎052-741-5558 ⏰17:00〜23:00 (LO22:30)㊡無休 🚃地下鉄今池駅7番出口からすぐ

今池 ▶MAP 別P.10 B-3

バジルとんちゃん 528円。粉チーズを加えればイタリアンに！

白、塩とんちゃん390円。直腸などを使用

定番の赤、味噌とんちゃんは350円。大腸を使用

煙と一緒に
味わうのが
とんちゃん！

MENU
とんちゃん
350円〜
タレの味が肉にしっかり入り、口の中で味がなくなることなく楽しめる

昔ながらの味をぜひ

3代目店主が創業当時の味を継承

八幡屋
やはたや

1954（昭和29）年創業の老舗居酒屋。おでんやどて煮に使われる味噌ダレは、60年以上継ぎ足し。コクはありつつ意外とあっさりとした味わいで、いくらでも食べたくなる。財布に優しい良心価格もうれしい。

📍名古屋市西区名駅2-18-7 ☎052-571-3945 ⏰11:30〜13:00、17:00〜21:30（LO21:00）、土曜は16:00〜20:30（LO 20:00）休日曜、祝日 🚃地下鉄亀島駅3番出口から徒歩6分

`亀島` ▶MAP 別P.6 B-1

MENU ◎
味噌おでん
1品110円
卵、こんにゃく、赤帽など、じっくり煮込まれたおでんは夏でも大人気

味噌ダレがクセになる

継ぎ足し続けるディープな

こちらも一緒に

どて煮、串カツは1本99円。ビールとの相性が抜群で何本でもイケる！

🐙 WHAT IS

どて焼き

牛すじやモツ、大根などを八丁味噌などの赤味噌やみりんで煮込んだ名古屋独自の郷土料理。"どて煮""どて"とも呼ばれる。

こちらも一緒に

とろとろふわふわなオムレツ牛すじのせ660円

MENU ◎
どて焼き盛り合わせ
1320円
まろやかな味噌味と具材から出るダシが一体になった味噌ダレが格別

八丁味噌でじっくり煮たどて焼きは名古屋伝統の味

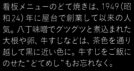

観光客も多く訪れるどて焼きの名店

島正
しましょう

看板メニューのどて焼きは、1949（昭和24）年に屋台で創業して以来の人気。八丁味噌でグツグツと煮込まれた大根や卵、牛すじなどは、茶色を通り越して黒に近い色に。牛すじをご飯にのせた"どてめし"もお忘れなく。

📍名古屋市中区栄2-1-19 ☎052-231-5977 ⏰17:00〜22:00 休土・日曜、祝日 🚃地下鉄伏見駅5番出口からすぐ

`伏見` ▶MAP 別P.6 B-2

※どて焼きは愛知県の一般家庭でも作られている。使う調味料や具材に個性があり、その家ならではの味に。まさにおふくろの味。

 EAT
ひつまぶし
味噌カツ
手羽先
麺類
喫茶
カフェ＆スイーツ
地元めし
夜ごはん

ディナー選びに迷った時はココ！

名古屋の新定番ディナー

朝昼おやつで名古屋の定番料理を制覇したら夜はひと味違うグルメにトライしてみては？
新定番となりそうな、とっておきのメニューが味わえるお店をチョイス！

クラフトビール

多様な原材料を使い分けることで
さまざまな色や風味に仕上げる

飲み比べて
好みを
見つけて

MENU
クラフトビール
880円〜
苦味のあるラガーからフ
ルーティーで飲みやすい
オレンジまで多彩

フレッシュなビールを心ゆくまで

カウンター席は注ぐ姿が眺められる

a

1階の醸造所で造っています！

ビールに合う
料理が
たくさん

毎月登場する新作ビールも楽しみ

Y.MARKET BREWING KITCHEN
ワイマーケット ブルーイング キッチン

ホップの種類を変えたり、フルーツを
入れたり、燻製した麦を使用したりし、
1階のブルワリーで醸造。フレッシュ
なクラフトビールは、バリエーション
が多く、味わいも色合いもさまざま。
常時約10種類。

名古屋市中村区名駅4-17-6 2F ☎052-
533-5151 ⏰15:00〜23:00、土・日曜、祝
日は11:30〜 無休 地下鉄国際セン
ター駅4番出口から徒歩2分

国際センター ▶MAP別冊P.E-2

ロティサリーオーブンで焼き上
げるチキン1羽1848円 酸味の
効いたソースでさっぱりと食べら
れる馬肉のカルパッチョ968円
牛すじのビールどて煮638円

ひつまぶし

味噌カツ

手羽先

麺類

喫茶

カフェ＆スイーツ

地元めし

夜ごはん

ふわふわ
プリプリが
たまらない

★ 名古屋コーチン ★

名古屋が誇る三大地鶏!
独特の旨みと食感を!

b

d

名古屋コーチンをさまざまな食べ方で

鳥椀 伏見店
ちょうわん ふしみてん

名古屋コーチンを使った料理が豊富。
鶏の鮮度はもちろん、味付けや焼き加
減などにこだわり、素材の持ち味を最
大限に引き出している。炭火で炙った
名古屋コーチンと、卵3個を使う幻の
親子丼は〆にぜひオーダーして。

🏠名古屋市中区錦1-17-17 ☎052-
212-0606 🕐11:30〜14:00、17:00
〜22:30 🈺日曜、土曜昼 🚃地下鉄
伏見駅8番出口から徒歩4分

伏見 ▶MAP 別P.6 A-2

a 香ばしい名古屋コーチン
ととろとろ卵がたまらない
幻のコーチン親子丼 b 手羽先唐揚
げ4本490円 c ジューシーで食
べ応え満点の定番メニュー、
若鶏の唐揚げ650円 d パリッと焼
かれた名古屋コーチン皮1
本390円

★ おでん×ワイン ★

おでんとワインの
意外なマッチングに驚き!

気軽に
ちょい飲み
もOK

味噌とワインのマリアージュを楽しむ

おでん＆ワイン カモシヤ

赤味噌ベースのおでんと、国内外から
セレクトしたワインとのマリアージュ
が人気の和バル。シジミと牛からダシ
を取り、砂糖を一切使わず甘みを抑え
たおでんは、和食の定番ながらワイン
との相性のよさに驚かされる。

🏠名古屋市中区錦3-6-18 森万ビル1F
☎052-963-6730 🕐16:00〜23:00、土・日曜、
祝日は13:00〜 🈺不定休 🚃地下鉄栄駅3
番出口からすぐ

栄 ▶MAP 別P.7 D-2

a おでん盛り合わせは
5〜6種類 b 赤味噌の
旨みが凝縮したトマト
のおでん418円 c デミ
ソースと赤味噌で作る
名古屋ハヤシ858円 d
じっくり煮込まれた牛
すじ煮528円 e 新感覚
のアボカドのおでん
418円

a

🎵

おでん＆ワイン カモシヤの店主はワインソムリエの資格を所有。ボトルワインも約80種類揃う。

三英傑、天下統一への道

三英傑、天下統一までのクイック年表

天文3年（1534）	織田信長、尾張に生まれる
天文6年（1537）	豊臣秀吉、尾張に生まれる
天文11年（1542）	徳川家康、三河に生まれる
天文23年（1554）	秀吉、信長に仕える
永禄3年（1560）	桶狭間の戦い　信長、今川義元を討ち取る
永禄5年（1562）	清須同盟　信長と家康が軍事同盟を結ぶ
天正元年（1573）	室町幕府滅亡　信長が15代将軍足利義昭を京都から追放する
天正3年（1575）	長篠の戦い　織田・徳川軍が武田軍を破る

三英傑が重要な時代を
過ごし台頭した尾張・三河

　誰もがのし上がるチャンスに満ちた乱世の中、最初に天下統一のために爆進したのが織田信長。桶狭間の戦いで勝利を収めた後、西へ東へと勢力を拡大。当時、最強とも言われた武田軍をも倒し、天下への道を駆け上がっていった。しかし、四国・中国地方攻略の準備をしている中、謀反勃発。あと一歩のところで夢が絶たれた。その後、天下取りの中心に躍り出たのが、信長の重臣だった豊臣秀吉。清須会議で強い発言権を得たのをきっかけに対抗勢力に立ち向かい、ライバルであった徳川家康をも言いくるめた。西国を次々と平定し、小田原征伐、奥州平定で、ついに天下統一を成し遂げた。秀吉の死後は形勢が大きく変化。家康が立ち上がり、関ヶ原の戦いにて勝利を収め、江戸幕府を開府。信長、秀吉、家康3人のリレーにより、戦国の世に終止符が打たれた。

　家康は1610（慶長15）年名古屋城築城の際に、清須越を敢行。名古屋城を中心とした城下町の構造を計画した。今の名古屋の町は、家康が原型をつくったとも。歴史を感じながら町を歩いてみたい。

戦国時代を代表する3人

織田信長

　尾張国守護代の奉行である弾正忠家当主織田信秀の嫡男として生まれる。1538（天文7）年頃から1555（弘治元）年、清須城に移るまで、現在の名古屋城の地にあった那古野城で過ごしたと言われる。桶狭間の戦いは清須城から出陣した。"天下布武"をかかげ、次々と勢力を広げ、小牧山城、岐阜城、安土城へと拠点を移す。天下統一は叶わなかったが、礎を築いた。

PICK UP!

信長、家康の転機となる
桶狭間の戦い

　圧倒的な軍事力を誇る駿河の大名・今川義元が、尾張進出を狙い、約2万5000もの大軍を率いて出陣。応戦する信長の軍は数千。勝ち目はないと言われた戦にて、信長は勝利を収めた。合戦の地は、現在の名古屋市緑区と豊明市にわたる一帯。

桶狭間古戦場公園には義元と信長の銅像がある

※慶応4年（1868）、江戸城開城まで江戸幕府の時代が続いた

元和2年（1616）──家康、駿府城にて病死。享年75歳

慶長20年（1615）──大坂夏の陣　再び家康が大坂に攻め入る。大坂城が落城し、豊臣氏は滅亡

慶長19年（1614）──大坂冬の陣　方広寺の鐘を引き金に徳川軍が大坂城へ出陣、和睦。

慶長8年（1603）──家康、征夷大将軍に任命される。江戸幕府開府

慶長5年（1600）──関ヶ原の戦い　家康が率いる東軍が石田三成を中心とする西軍に勝利

慶長3年（1598）──秀吉、伏見城で死去。享年62歳

天正18年（1590）──【天下統一】　秀吉による小田原征伐で北条氏滅亡

天正13年（1585）──秀吉、関白に任命される

天正12年（1584）──小牧・長久手の戦い　秀吉軍と家康、織田信雄軍が対決。家康が勝利したものの、和平を結ぶ

天正11年（1583）──賤ヶ岳の戦い　秀吉、柴田勝家を倒す

天正10年（1582）──清須会議　秀吉、家康はじめとする重臣たちが清須城に集合。織田家後継者、領地再配分の分を話し合う

天正10年（1582）──山崎の戦い　秀吉が明智軍を破り、主君のかたきを討つ

天正10年（1582）──本能寺の変　明智光秀の謀反。信長、京都本能寺の家にて自害。享年49歳

豊臣秀吉

尾張国愛知郡中村（現在の名古屋市中村公園周辺）出身。侍になるために信長に仕えた。持ち前の人たらしで、信長に重用され、武将としても活躍。名を上げていった。本能寺の変の後は、信長の後継者として、天下統一を目指し、関白、太政大臣にまでのぼりつめた。残る対抗勢力であった小田原北条氏を滅ぼし、ついに天下統一を果たした天下人。

徳川家康

三河国岡崎城主松平広忠の嫡男として誕生。1547（天文16）年、駿河国今川家へ人質として送られるところを、内部裏切りにあい織田家へ送られる。その後、今川家へ移された。今川軍として桶狭間の戦いに参戦。桶狭間敗戦から、駿府ではなく三河・岡崎城に戻り、今川家から独立を果たした。信長とともに戦国時代を駆け抜け、秀吉の死後は、家康の時代に。

🦁 WHAT IS

清須越

尾張の中心であった清須の町を丸ごと名古屋へ移した「清須越」。社寺や商家などと一緒に、町と関わる約6万とも言われる人が名古屋へと引っ越した。清須越に合わせ、城下町の構成も練られ、町人や武士が住む場所を分け振り、社寺の場所を決め、それぞれの町をつくった。名古屋城の正面（南）におかれた町は碁盤の目のように区切られた"碁盤割"に。当時の町の名は現在も通り名などに残り、名古屋の中心エリアでは碁盤割の名残も見つけることができる。

名古屋城築城とともに開削した堀川

清須から移された五条橋。現在は改築後の橋だが、当時の擬宝珠は保存されている

🥾 桶狭間古戦場公園は、有松絞りで知られる有松（名鉄有松駅）から約2.5kmの場所に位置する。駅前からはバスも出ている。

金鯱がまぶしい名古屋のシンボル

名古屋城のここに注目！

金鯱が輝く巨大な天守や豪華絢爛な本丸御殿。そして、高い石垣と深い堀。
近世の城郭築城技術のすべてが集まったと言われる名古屋城へ。

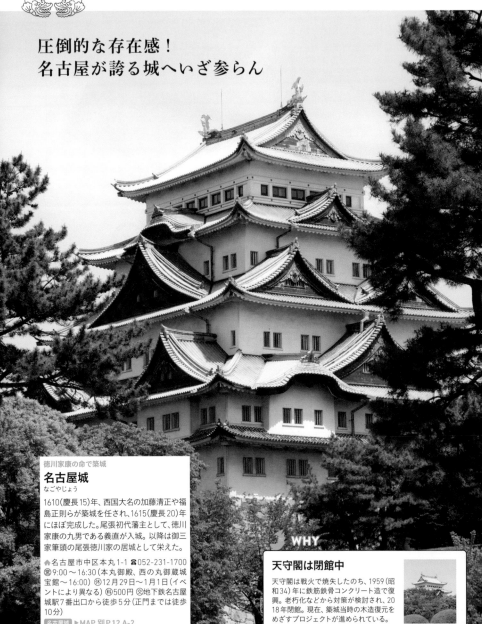

圧倒的な存在感！
名古屋が誇る城へいざ参らん

徳川家康の命で築城

名古屋城
なごやじょう

1610（慶長15）年、西国大名の加藤清正や福島正則らが築城を任され、1615（慶長20）年にほぼ完成した。尾張初代藩主として、徳川家康の九男である義直が入城。以降は御三家筆頭の尾張徳川家の居城として栄えた。

🏯名古屋市中区本丸1-1 ☎052-231-1700 🕘9:00〜16:30（本丸御殿、西の丸御蔵城宝館〜16:00）🈳12月29日〜1月1日（イベントにより異なる）💴500円 🚇地下鉄名古屋城駅7番出口から徒歩5分（正門までは徒歩10分）

名古屋城 ▶MAP 別 P.12 A-2

WHY

天守閣は閉館中

天守閣は戦火で焼失したのち、1959（昭和34）年に鉄筋鉄骨コンクリート造で復興。老朽化などから対策が検討され、2018年閉館。現在、築城当時の木造復元をめざすプロジェクトが進められている。

城内の見どころを予習

ぎゅっと
凝縮！

戦火で多くを焼失したものの、見事に復元。創建時のまま
現存する隅櫓などの重要文化財も。

START　🚶 所要：約120分

正門 せいもん

1910（明治43）年に旧江戸城内の蓮池御門
が移築されたが、戦火で焼失。1959（昭和
34）年、天守閣とともに再建された。

西南隅櫓 せいなんすみやぐら

西と南方向に敵を攻撃するための石落とし
がある。大正期、宮内省が修復を担当したた
め、鬼瓦などに菊花紋が。重要文化財。

城内マップ

内苑売店
天守閣　清正石
本丸御殿ミュージアムショップ
本丸御殿
西の丸御蔵城宝館　名勝二之丸庭園
　　　　　　　　　二の丸茶亭
名古屋城のカヤ
西南隅櫓　東南隅櫓
正門
本丸表二之門
東門
清正公石曳きの像
名古屋　　　金シャチ横丁（宗春ゾーン）
能楽堂
金シャチ横丁（義直ゾーン）

天守閣 てんしゅかく

1930（昭和5）年、城郭建築で日本初の国宝
に指定。戦後はコンクリート造で復興。名
古屋のシンボル。

清正石 きよまさいし

名古屋城で最大の石垣石材。加藤清正
が運んだと伝えられていたが、この石
垣を担当したのは黒田長政との説も。

本丸表二之門 ほんまるおもてにのもん

門柱や扉には、太い木材を使用し、鉄板を打
ちつけて堅固に。門両側の塀には、鉄砲を撃
つための穴が開いている。重要文化財。

東南隅櫓 とうなんすみやぐら

西南隅櫓と同じ屋
根二重、内部三階
の構造。鬼瓦など
には徳川家の家
紋、葵の御紋が。
重要文化財。

本丸御殿 ほんまるごてん

1615（慶長20）年に建てられた初代尾張藩主
の住居。復元工事を経て2018年、全体公開に。

清正公石曳きの像 きよまさこうしいしびきのぞう

加藤清正は名古屋
城築城時、天守台
の石垣を担当。自
ら石の上に乗り、音
頭を取り巨石を運
んだと言われる。

名勝二之丸庭園 めいしょうにのまるていえん

歴代藩主が公私にわたり過ごした二之丸御殿
の北側に造られた。広さ約3万㎡で藩主が居住
する御殿の庭としては日本一の規模。

こちらへも立ち寄って！

🚶

樹齢
約600年!!

高さ16m、幹回り8mにもな
るカヤの木。名古屋城ができ
る前からこの地に生き続け、
空襲にあうが、枯死を免れ
た。国の天然記念物に指定。

西の丸御蔵城宝館
にしのまるおくらじょうほうかん
→P.25

🌟 天守閣の頂で輝く金鯱は北側が雄、南側が雌として作られ、雄のほうが少しだけ大きい。

65

400年前の華麗な佇まいがよみがえる

本丸御殿へいざ潜入！

日本を代表する近世書院造の建造物、本丸御殿。御殿内は美しい障壁画や
飾金具などで彩られ、豪華絢爛そのもの。歴史的評価も高い建築と美術の粋を堪能しよう。

虎と豹がじっと睨む
金地の障壁画に圧倒される

玄関（げんかん）

客がまず通される、対面を待つ殿舎で、一之間（18畳）と二之間（28畳）からなる2部屋。壁や襖には勇猛な虎や豹が描かれる。

竹林で虎と豹が群れ遊ぶ姿が。当時、豹は雌の虎として描かれていたとも

床や違い棚も備わる一之間。壁や襖には金色に輝く障壁画『竹林豹虎図』

上台所

上御膳所　　柳之間

上洛殿　　孔雀之間

黒木書院　　　　　下御膳所

湯殿書院　　梅之間　対面所

　　　上洛殿

　　　鷺之廊下　表書院

本丸御殿 間取り図　　玄関

WHAT IS

本丸御殿

尾張藩主の住居かつ藩の政庁および将軍の宿館。1945（昭和20）年、戦火により焼失。各分野の専門家たちが集まり、江戸時代の文献や昭和戦前期の古写真や実測図などの資料を参考に、2018年、忠実な復元に成功。

表書院（おもてしょいん）

江戸時代は広間と呼ばれ、来客や家臣との公の謁見に用いられた場所。5部屋からなり、本丸御殿内では一番広大な建物。

藩主が座る上段之間は、床や違い棚、付書院、帳台構など、正式の座敷飾りを揃える

各部屋、異なる季節の障壁画が描かれている。麝香猫など珍しい動物も

対面所（たいめんじょ）

身内や家臣との私的な対面や宴席に使用した建物で4部屋からなる。京都や和歌山の四季などが、穏やかな筆致で描かれた風俗図も。

黒漆二重折上げ小組格天井
黒漆喰の天井板に金箔、折り上げ天井をさらに一段折り上げている

上段之間の豪華な造りの天井もチェック。各部屋は一度しゃがみ、座った目線での鑑賞もおすすめ

鷺之廊下（さぎのろうか）

対面所と上洛殿を結ぶ廊下で、1634（寛永11）年に上洛殿とともに増築。長押の上にまで障壁画が描かれている。

まぶしい金地の障壁画に描かれた白鷺に誘われ進む。将軍や藩主はここを通り上洛殿へ

黒漆二重折上げ蒔絵付格天井
御殿内で最も豪華な天井。天井板には蒔絵、天井も二段階折り上げる

上洛殿（じょうらくでん）

1634（寛永11）年、徳川3代将軍家光の上洛に合わせて増築。本丸御殿で最も格式の高い建物。狩野探幽による傑作『帝鑑図』『雪中梅竹鳥図』は必見。

上洛殿は6室からなり狩野派による襖絵で彩られている

極彩色の彫刻欄間や飾金具など、どこもかしこも絢爛豪華　家光の部屋となった上段之間。細部まで贅の限りが尽くされている

きらびやかな意匠の数々

各部屋の格式や用途により、意匠が異なる。見比べながらめぐりたい。

欄間（らんま）

金具（かなぐ）

天井（てんじょう）

湯殿書院（ゆどのしょいん）

将軍専用の風呂場。浴室と上段之間、一之間、二之間からなる格式高い書院造の建物。

湯船はなく、外の釜を沸かし湯気を使うサウナ式蒸し風呂
写真提供:名古屋城総合事務所

黒木書院（くろきしょいん）

清須城内にあった家康の宿を移築した建物と伝えられる。襖絵には風格のある水墨画を配している。

本丸御殿のほかの部屋は総檜造りだが、この部屋は松材を使用
写真提供:名古屋城総合事務所

名古屋城＋αで訪れたい！

城外のグルメスポットへ！

食のエンターテインメントゾーン

金シャチ横丁
きんシャチよこちょう

名古屋城正門近くにある伝統・正統の義直ゾーンと、東門側にある新風・革新の宗春ゾーンの個性が異なる2エリアからなる。それぞれ、老舗や新進気鋭の店が集結。

☎052-951-0788（事務局。受付は平日10:00〜17:00）
㉂店舗により異なる

義直ゾーン

🏠名古屋市中区三の丸1-2-3〜5
🚇地下鉄名古屋城駅7番出口から徒歩10分

名古屋城 ▶MAP 別P.12 A-2

市内で設置が進むマイボトル対応の冷水機、金鯱水。名古屋城バージョン

食事

職人が強火の遠火で焼き上げる

ひつまぶし名古屋備長 金シャチ横丁店
ひつまぶしなごやびんちょうきんシャチよこちょうてん

極上の「たまり醤油とみりん」のタレをまといながら、皮はパリッと身はフワッとろに仕上げたうなぎは絶品。丼やお重に加え、白焼、肝焼などの一品料理も。
☎052-223-5777 ㉂10:30〜17:30（LO16:00）、土・日曜、祝日は〜15:30（LO15:00）、16:30〜19:00（LO18:30）㉂月曜（祝日の場合は翌日）

おみやげ

名古屋みやげならおまかせ

鯱上々
しゃちじょうじょう

店内にドンと鎮座するほぼ実物大の金鯱が迎えてくれるおみやげ店。名古屋名物はもちろん、オリジナルの金鯱グッズなど、充実のラインナップ。
☎052-888-9998 ㉂10:00〜17:30 ㉂名古屋城に準ずる

金鯱と葵の御紋がプリントされた三角えんぴつ300円

オリジナルの金鯱金平糖650円。織田信長が好んだという金平糖

甘味

散策の合間にほっとひと息

那古野茶屋
なごのちゃや

尾張藩の御用を務めていた老舗「両口屋是清」プロデュースの和カフェ。和モダンな空間で、甘味や軽食が味わえる。店限定の和菓子の販売も。
☎052-212-7237 ㉂11:00〜16:30（LO16:00）㉂名古屋城に準ずる

七輪で焼く熱々の金シャチ横丁だんご850円や金の器がまぶしいかき氷850円

金箔をあしらった豪華な金シャチひつまぶし7350円。ノーマルのひつまぶし3850円もある

名古屋城の目と鼻の先にあるのが、グルメスポット、
金シャチ横丁と2022年オープンの蓬左 hōsa。
なごやめしや名古屋城にちなんだメニューが充実しているので、立ち寄ってみて。

宗春ゾーン

🏠名古屋市中区二の丸1-2〜3
🚇地下鉄名古屋城駅7番出口からすぐ
名古屋城 ▶MAP 別P.12 B-2

食事＆スイーツ

忍者スイーツにも注目！

cafe diner POP OVER
カフェ ダイナー ポップ オーバー

リゾートのような開放的な空間で本
格肉料理や自家製ポップオーバーが
楽しめる。忍者モチーフのパフェや
アイスなどキュートなメニューも。
☎052-212-5560 ⏰9:30〜17:00（LO
16:30）、土・日曜、祝日は〜18:00（LO
17:00）🈺名古屋城に準ずる

店内限定の忍者パフェ
1400円。忍者アイス590
円はテイクアウト可能

チョップドサラダ
アボカドシュリン
プ1296円など

金箔とおいりをあ
しらった金シャチ
横丁ソフト980円

食事＆スイーツ

名古屋からサラダ文化を発信

saien
サイエン

自家栽培のオーガニック野菜をふん
だんに使うなど、ヘルシーな料理を
提供。ランチはチョップドサラダ、ディ
ナーは新鮮なシーフードが人気。
☎052-212-8553 ⏰10:30〜22:00（LO
21:00）🈺名古屋城に準ずる

"食楽堂"で尾張名古屋の食文化を

蓬左 hōsa
ほうさ

江戸時代の名古屋にルーツをも
つ3つの老舗が集結する和の
フードホールと、ゆっくり食事
ができる個室会席が評判。
🏠名古屋市中区三の丸1-1-1
☎052-253-8566 ⏰10:00〜17:00（LO16:30）※施設に
より異なる 🈺不定休 🚇地下鉄浅間町駅1番出口から徒
歩10分、地下鉄名古屋城駅7番出口から徒歩12分
名古屋城 ▶MAP 別P.12 A-2

名古屋能楽堂内に誕生。テーブル席とカウンター席でくつろげる

菓匠 花桔梗
かしょう はなききょう

尾張徳川家の御用菓子司
にルーツをもつ。季節の
生菓子は346円〜

なか又 和む菓子
なかまた なごむかし

職人が丁寧に焼き上げる
新食感のどらやき「ふわ
ふわ わぬき」368円〜

和フタヌーンティーセット
1名4400円（写真は2名分）。
3つの老舗がコラボ

八尾彦
やおひこ

老舗仕出し料理店の新業
態。きしめん850円。麺
は星が丘製麺所製

個室会席 蓬左亭
こしつかいせき ほうさてい

お昼の会席「金城」3800
円は全席予約制。デザー
トは菓匠 花桔梗が監修

尾張徳川家の栄華がここにも！

徳川家ゆかりの地を訪れる

名古屋城から足をのばして訪れたいのが、大名文化にふれられる二大スポット。
広い日本庭園と伝統美のコレクションを見れば、尾張藩の繁栄がわかるはず！

四季折々の美しい景色に感動
尾張徳川家に伝わる日本庭園

龍仙湖（りゅうせんこ）
池泉回遊式武家庭園の核をなす湖。海に見立て、周囲に飛び石などを見どころを配置。紅葉すると趣が増す。

四季折々の自然美が共演

徳川園
とくがわえん

尾張藩2代藩主の隠居所跡に造営。約2万3000㎡もの池泉回遊式の日本庭園で、高低差のある地形や樹林を生かした素晴らしい景色が広がる。武家社会の豪胆さがうかがえる巨石を用いた岩組なども。

🏠 名古屋市東区徳川町1001
☎ 052-935-8988 ⏰ 9:30～17:30（最終入園17:00）🚫月曜（祝日の場合は翌平日）💰300円
🚉 JR大曽根駅南口から徒歩10分
大曽根 ▶ MAP 別P.13 F-2

黒門（くろもん）
総欅（けやき）造りの三間薬医門。1900（明治33）年完成、尾張徳川家の邸宅の遺構。

龍門の瀧（りゅうもんのたき）
尾張家江戸下屋敷庭園で評判だった瀧を当時の岩組を移行し再現。登竜門伝説に着想を得た造り。

牡丹園（ぼたんえん）
4月中～下旬頃に開花。大名庭園の特徴的な花。園内外に約55種を植栽。

大曽根の瀧（おおぞねのたき）
落差6mの三段の滝。岩がランダムに組まれているため水流に緩急あり。

（地図）
牡丹園
↓大曽根口
瑞龍亭
西湖堤
四睡庵
龍仙湖
徳川園
菖蒲田
大曽根の瀧
観仙楼
虎仙橋
虎の尾
蘇山荘
龍門の瀧
黒門口
黒門
徳川美術館

☕ **ひと休みはココで**

元迎賓館の"地産地消"和カフェ

蘇山荘
そざんそう

庭園に隣接した有形文化財に登録された近代和風建築を使用。愛知産の茶葉で淹れる煎茶体験とスイーツで、ひと息。

🏠 徳川園内 ☎ 052-932-7887
⏰ 10:00～17:00
🚫月曜（祝日の場合は翌平日）
大曽根 ▶ MAP 別P.13 F-2

日本庭園の侘び寂びを感じながら、優雅なカフェタイムを

尾張徳川家が誇る至宝の数々 貴重な宝物を鑑賞する

源氏物語絵巻
現存する最古の『源氏物語』の絵巻。優美な絵画と書が王朝文化を伝える。

国宝

踏皮（白革足袋）
徳川家康の鹿皮製の足袋。実際に着用し、足のサイズは23cmほどとも。

薄水色麻地蟹文浴衣
徳川家康が着用したと伝えられる浴衣。全面に蟹のデザインがあしらわれている。

国宝

初音の調度
3代将軍家光の娘・千代姫の嫁入道具。『源氏物語』初音の帖に由来。

国宝

熊毛植黒糸威具足
徳川家康が着用。兜の両側には水牛の角のような桐製黒漆の脇立て付き。

太刀 銘 長光
名物 津田遠江長光
鎌倉時代に鍛刀された織田信長の所持品。本能寺の変で明智光秀の手に。

テーマごとの展示室は必見

名品コレクションは新館にある6つの展示室へ。本館では企画展や特別展が開催される。

第1展示室
武家のシンボル
（武具・刀剣）

正面中央に甲冑一領、左右に太刀拵と馬標、采配、槍拵などを展示。特に刀剣は日本随一のコレクション。

第2展示室
大名の数寄
（茶の湯）

名古屋城二之丸御殿内にあった猿面茶室を復元。由緒ある茶道具を鑑賞できる。

第3展示室
大名の室礼
（書院飾り）

尾張藩の政治の舞台となった部屋。書院飾りやしつらい、実際に使用されていた文房具などに注目。

第4展示室
武家の式楽
（能）

前室での接見・宴席の後に客人が通された能舞台。能装束や、能面・笛・鼓といった能道具も鑑賞可。

第5展示室
大名の雅び
（奥道具）

大名家の奥である夫人・姫君が使用した品を季節やテーマに沿って紹介。

第6展示室
王朝の華
（源氏物語絵巻）

国宝「源氏物語絵巻」をレプリカと映像で展示。本物は毎年11月末頃に登場。

大名家に招かれた気分で鑑賞

徳川美術館
とくがわびじゅつかん

開館当初 1935（昭和10）年から現存する本館

名古屋城をモチーフにした新館

徳川園に隣接する美術館。徳川家康の遺品を中心に、尾張徳川家が受け継いだ宝物を収蔵。その数なんと約1万件。国宝「源氏物語絵巻」から武具・刀剣まで、多彩で保存状態のよい品々が、豪壮で粋な近世大名文化を伝えている。

🏠 名古屋市東区徳川町1017
☎ 052-935-6262
🕙 10:00〜17:00（最終入館16:30）
㊡ 月曜（祝日の場合は翌平日）㊎ 1600円
🚃 JR大曽根駅南口から徒歩10分
大曽根 ▶ MAP 別P.13 F-2

心清らかに。緑に包まれる社へ

熱田さんにご挨拶

名古屋へ訪れたら、"熱田さん"の呼び名で古くから親しまれている熱田神宮へ。
数々の逸話が残る、歴史ある社でパワーをもらおう。

1900年を超える歴史を刻む
由緒ある熱田神宮へお参り

正参道
せいさんどう

正門（南門）から本宮までまっすぐのびる参道。木々に覆われ静謐な空気が漂う。参道沿いにある別宮へも立ち寄りながらめぐろう。

日本屈指の格式を誇る神の社

熱田神宮
あつたじんぐう

およそ1900年前、熱田の地に皇位継承の証とされる三種の神器のひとつ、草薙神剣（くさなぎのみつるぎ）が祀られたことが始まり。約19万㎡もの広大な境内には樹齢の高いクス、ケヤキ、カシ、シイ、イチョウなどの樹々が茂り、本宮のほか、別宮1社、摂社8社、末社19社が祀られている。

⚲名古屋市熱田区神宮1-1-1
☎052-671-4151 ㊡参拝自由
㊦名鉄神宮前駅西口から徒歩3分、地下鉄熱田神宮伝馬町駅1番出口から徒歩7分
熱田神宮 ▶MAP 別P.11 F-1

 WHERE IS

こころの小径

こころの小径とは本宮の西と神楽殿の東を結ぶ約480mの細い参道。本宮の西側、北側を心静かにめぐりたい。参入時間は9時から16時。神聖な場所のため、撮影は禁止。

大楠
おおくす

弘法大師お手植えとも伝えられているクスの木。樹齢は1000年以上で、幹の回りは約7m、樹高は約20mを誇る。

信長塀
のぶながべい

織田信長が桶狭間出陣の際に、熱田神宮に戦勝を祈願し大勝したことから、その御礼として奉納された塀。土と石灰を油で練り固め、瓦を積み重ねている。

本宮
ほんぐう

拝殿から一番奥にある本殿に御祭神、熱田大神（あつたのおおかみ）が鎮座する。三種の神器のひとつ、草薙神剣を祀り、社殿は伊勢神宮とほぼ同じ神明造り。

一之御前神社
いちのみさきじんじゃ

熱田神宮の境内摂社のひとつ。熱田大神の荒魂（あらみたま）を祀る。以前は一般の立ち入りが禁止されていた神聖な場所。

宝物館
ほうもつかん

清水社
しみずしゃ

水の神様、罔象女神（みずはのめのかみ）を祀る。社殿の裏にある湧水を柄杓ですくい、中央の石に3回水をかけ祈願すると、願いが叶うと言われている。

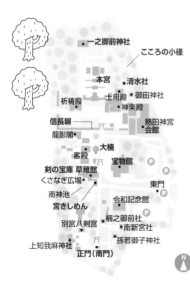

1966（昭和41）年に開館。皇室をはじめ、将軍、藩主、一般の篤志家から献納された宝物を約6000点所蔵。国宝や重要文化財なども含め、月替わりで展示されている。

🕘9:00〜16:30（最終入館16:00、共通券の最終入館15:30）　🈺最終木曜とその前日（変更の場合あり）、12月25日〜31日　💴500円（企画・特別展は別途）

剣の宝庫 草薙館
つるぎ ほうこ くさなぎかん

2021年10月に開館

貴重な刀剣を紹介する刀剣専門の展示館。熱田神宮が所蔵する約450口の刀剣を毎月入れ替えて展示。日本刀や「真柄大太刀複製拵（こしらえ）」の大きさや重量を実感できる体験コーナーもある。

🕘9:00〜16:30（最終入館16:00、共通券の最終入館15:30）　🈺最終木曜の2日前（変更の場合あり）、12月25日〜31日　💴500円（宝物館共通券は800円）

MAP

■一之御前神社
こころの小径
■本宮　■清水社
祈祷殿　土用殿　●御田神社
　　　　　　　神楽殿
信長塀　　　　●熱田神宮
龍影閣■　　　　会館
客殿　　大楠
剣の宝庫 草薙館　■宝物館
くさなぎ広場●
南神池●　令和記念館
宮きしめん
別宮八剣宮　●楠之御前神社
　　　　　●南新宮社
上知我麻神社　●孫若御子神社
正門（南門）
東門
Ｐ

■ ひと休みはココで ■

熱田神宮が発祥の地
宮きしめん 神宮店
みやきしめん じんぐうてん

1923（大正12）年創業の老舗。境内の深い緑に囲まれた清々しい空間で、きしめんのほか、定食メニューや甘味も楽しめる。

昔から変わらない醤油つゆの宮きしめん750円

☎052-682-6340
🕘9:00〜16:30（LO）🈺無休
熱田神宮 ▶MAP 別P.11 F-1

🌿 境内にはクスの木がいっぱい。中でも手水舎横の巨大な大楠（→P.72）はひと際目を引く。

訪れるたびに新しい出会いが！

動物園のアイドルたちに会いに！

ここ最近、ニシゴリラのシャバーニがイケメンで話題だけれど、
ほかの動物たちの愛らしさも負けません！自分だけの推しを探しに出かけてみて。

動物の飼育種類数は日本一！

東山動植物園
ひがしやまどうしょくぶつえん

自然豊かな約60万㎡の敷地に、動物園、
植物園、遊園地、東山スカイタワーなど
見どころ満載。動物園では約450種の動
物たちを飼育。動物本来の生態や生息地
などを学べる展示が人気を集める。

🏠名古屋市千種区東山元町3-70
☎052-782-2111 🕘9:00〜16:30
㉺月曜（祝日の場合は翌平日）
㊗500円（東山スカイタワーとの共通券は
640円）🚇地下鉄東山公園駅3番出口から徒
歩3分

東山公園 ▶MAP 別 P.5 F-2

ガーデンテラス東山
展望休憩所　植物園駅　タヌキの里休憩所
植物園　　　　　　　　　　　コアラ
洋風庭園　　　上池門
重要文化財温室　植物園門　上池
合掌造りの家　奥池　　　　　　本園　シセン
　　　　　　　　　　　　　　　　レッサーパンダ
星が丘門　　　東山スカイタワー　中央休憩所　ライオン
　　　　　　　　タワー門　　　　　　スカイビュートレイン
　　　　　世界のメダカ館　自然動物館
　　　　　　　　　　　　　　北園
　　　　　　　　　　ニシゴリラ　アジアゾウ
　　　　　　　　　　　　　　　　ズーボゲート
カフェ／ショップ
ノースガーデン　北園門　遊園地　　正門駅　正門

ニシゴリラ

シャバーニがリーダーのシャ
バーニー家5頭のゴリラたち。
オスは体が大きく、年を重ねると
背中の毛が白くなる。それぞれ
の関係性を観察するのも楽しい。

シャバーニは内面まで
イケメンというウワサ

おすすめの回り方

一日中楽しめる東山動植物園。
時間に限りがある場合は、人気
者だけをめぐろう。公式サイト
におよその食事タイムが掲載さ
れているので、その時間に合わ
せて訪れるのもアリ。

🚶 所要：約90分　王道コース

ニシゴリラ
↓
アジアゾウ
↓
ライオン
↓
シセンレッサーパンダ
↓
コアラ

アクティブに動く
愛くるしい姿に
胸キュン

シセンレッサーパンダ

2021年レッサーパンダ舎のオープンとともに3頭が仲間入り。爪が鋭く木登りが得意なため、高い場所に注目して。

コアラ

2022年に3頭の赤ちゃん（だいふく、おもち、ししお）が誕生。コアラは1日の約20時間を寝て過ごすとも。活動している食事タイムを狙うのがおすすめ。

もふもふ、
コロンとした
姿がかわいい！

アジアゾウ

メスと子どもは群れで暮らすアジアゾウ。2022年生まれのうららに注目。アジアゾウ舎は日本最大級。歴史や生態の展示があり、学びながら観察できる。

凛々しい百獣の王に、ハートを射抜かれる

ファミリーの姿に
ほっこり♡仔ゾウの
成長を見守る

ライオン

朝夕に行動し日中は木陰で休んでいることが多い。現在、お父さんのサン、お母さんのルナ、息子のソラの3頭が暮らす。顔つきや個性を見比べてみよう。

動植物園グルメをCHECK！

オリジナル商品が充実するズーボゲート。カフェもあり、フォトジェニックなメニューが盛りだくさん！

店内で焼き上げるどうぶつパン。各290円～

溶けにくい!?シャバーニアイス 400円

植物園へも立ち寄りたい！

広大な敷地を誇り、約7000種もの植物を保有。丘陵地の地形や自然林を生かした展示で、万葉の散歩道や薬草の道などの散策コースもある。2021年に保存修理が完了した温室（前館）はぜひ訪れて。日本最古の公共温室で、"東洋一の水晶宮"と呼ばれた美しい佇まいも必見。

岐阜県白川郷から移築した「合掌造りの家」も

重要文化財に指定されている温室前館

🌱 植物園園内は無料の園内バスが走行中。定員は12名。バスから園内を観察するのも楽しい。

イルカやベルーガ、海のアイドル大集合！

海の生きものたちに癒される

大迫力！日本最大級のプールでイルカたちが躍動！

🏳 EVENT
イルカパフォーマンス

🏠 北館3Fメインプール
🕐 約15分／1日3〜5回

見どころは幅60mものプールの広さを生かした連続ジャンプ！うっかり見逃してしまっても大型モニターのリプレイ映像で楽しめる。

タイミングよく一緒にジャンプ！

充実するイベントをチェック！

名古屋港水族館
なごやこうすいぞくかん

北館2フロアと南館3フロアからなる広々とした館内。シャチやイルカのダイナミックなイベントから、ゆったり漂うクラゲの水槽まで、見どころいっぱい！館内をくまなくめぐり、海の世界に癒されたい。

🏠 名古屋市港区港町1-3
☎ 052-654-7080　📅 9:30〜17:30（最終入館16:30）　休 月曜（祝日の場合は翌平日）　料 2030円　🚃 地下鉄名古屋港駅3番出口から徒歩5分

名古屋港　MAP 別P.3 E-3

おすすめの回り方

王道コース

まずは北館3階へ。各イベントを見ながら下り、続いて南館へ。上層階から見どころを押さえ、〆に大水槽へ。

🚶 所要：約150分

イルカパフォーマンス → シャチ公開トレーニング → ペンギンフーディングタイム → マイワシのトルネード → サンゴ礁大水槽

🏳 EVENT
シャチ公開トレーニング

🏠 北館3Fスタジアム
🕐 約15分／1日2〜3回

巨体で繰り広げるジャンプや、時速50kmとも言われる力強い泳ぎは壮観！トレーナーによる「海の王者」の生態解説もタメになる。

日本最大級と言われる水族館。多彩な生きものに会うことができ、グループはもちろんひとり旅でも満喫できる。特に日本国内では2カ所でしか会えないシャチは必見！

"魚"朱印

入館記念に授かりたいのが1枚300円の魚朱印。記念日には特製スタンプ入り。北館2階の総合案内で購入できる。

幻想的な
美しい海の世界へ

🚩 EVENT
マイワシのトルネード
⌂ 南館2F 黒潮大水槽
🕐 約5分／1日3回
小さな魚たちが勢いよく泳ぐさまがまるで竜巻（トルネード）。裏側で飼育員が餌で誘導する。約3万5000匹の幻想的な演舞。

🚩 EVENT
ベルーガ公開トレーニング
⌂ 北館3F オーロラの海
🕐 約15分／1日2〜3回
胸ビレを使ってバックで泳げたり、水を吹いたり…。イルカとは異なる器用な動きに癒されて。

🚩 EVENT
ペンギンのフーディングタイム
⌂ 南館3F ペンギン水槽
🕐 約10分／1日2回
愛らしいよちよち歩きと、アジなどの魚を丸呑みする豪快な食事風景のギャップに胸キュン。

🚩 EVENT
ウミガメのフーディングタイム
⌂ 南館3F
🕐 約15分／1日1回
個体によって、餌の種類も量も異なるウミガメ。食習量を確認しながらの、愛情たっぷりな餌やりに和むはず。

サンゴ礁大水槽

⌂ 南館1〜3F
モチーフはオーストラリアのグレートバリアリーフ。壮大な海を3フロアにまたがる水槽で再現。

くらげなごりうむ

⌂ 南館1F
約11種500点のクラゲを展示。鏡や照明を効果的に取り入れ、流動的な美しさを際立たせている。

🐾 海のカナリアとも呼ばれるベルーガの頭のふくらみは通称"メロン"。音波を発する時の調節に使う器官。　77

新しくなった令和のタワーへ！

栄のランドマークを攻略する

開業以来初となる全体改修工事を経て、2020年に生まれ変わった名古屋の歴史あるタワー。
新規入店のショップやカフェ、世界初のタワーホテルなど新たな魅力を体感しよう。

中部地区をより元気に！

中部電力 MIRAI TOWER
ちゅうぶでんりょく ミライ タワー

名古屋テレビ塔は地域共生活動のパートナーとして中部電力株式会社と連携。2021年から新名称で歩み始めた。2022年には全国のタワーで初めて、国の重要文化財に指定されている。

🏠 名古屋市中区錦3-6-15先
☎ 052-971-8546
◎ 10:00〜21:00（最終入場20:40）、土曜は〜21:40（最終入場21:20）㊡無休㊌1300円ほか
◎ 地下鉄久屋大通駅4B出口からすぐ、栄駅3・4番出口から徒歩3分

栄 ▶ MAP 別P.7 D-1

展望

Daytime

Night

スカイデッキ
地上90mから名古屋の街を一望する屋内展望台。天井のミラーに映り込む外の景観も壮観。

スカイバルコニー
開放感あふれる吹き抜けの屋外展望台。地上100mに位置し、直接風を感じながら景色が楽しめる。

Night

名称も新たに
パワーアップして
未来へスタート！

WHAT IS

中部電力 MIRAI TOWER

日本初の集約電波鉄塔として1954（昭和29）年に完成。当時は東洋一の高さ全長180mで"東洋のエッフェル塔"と呼ばれていた。1955年には展望台初の空中結婚式も行われた。

5F
4F
3F
2F
1F

4・5F

レセプションと鉄骨の存在感が特徴的な客室

ホテル

THE TOWER HOTEL NAGOYA
ザ タワーホテル ナゴヤ

テレビ塔の鉄骨が織りなす機能と意匠の美しさを生かしたホテル。"ローカライジング"をコンセプトに、1室ごとに異なる地元アーティストによる作品が彩り、レストランでは地産地消のフレンチが堪能できる。→P.145

4F

フォアグラのポワレ※料理はイメージ

レストラン

glycine
グリシーヌ

東海三県の海山川の食材を贅沢に使った創作フレンチのお店。地元の陶芸作家の器に盛られる季節ごとのメニューは、一皿一皿が芸術のよう。
☎052-953-4454
🕐18:00〜22:00(LO19:30)

3F

ショップ

多仲
たちゅう

マスコットキャラクター「ウエミーヤ」のオリジナル商品を中心に、ミライタワーをモチーフにしたお菓子や地元名物などを揃えるおみやげショップ。
☎052-890-9866　🕐10:00〜19:00

かわいいウエミーヤアイテムがずらり

カフェ

base lab.
ベースラボ

自家焙煎のコーヒー、音響のプロが手がける立体音響によるサウンド、デザイナーズ空間の3つが揃ったカフェ。窓際席は眼下に広がる眺望も抜群。
☎052-961-5750
🕐10:00〜20:00(LO19:30)

最先端のマシンで淹れるカフェラテ

ラウンジ

THE TOWER LOUNGE CASHIME
タワー ラウンジ カシメ

ワークスペースやポップアップスペース、セミナールーム、ラウンジ、個室、スタジオなどがあり、街の交流拠点としてさまざまな使い方ができる。
☎052-963-0758
🕐9:00〜21:00、土・日曜、祝日は10:00〜

2F

レストラン

lily
リリィ

テレビ塔の歴史と重厚さを感じさせるモルタルの壁が印象的なレストラン。公園を一望する空間で、優雅なアフタヌーンティーを。
☎052-953-4452　🕐11:00〜16:30(LO14:30)

1F

カフェ

Farm&
ファームアンド

10種類のホットドッグと地元アーティストや作家によるアート空間が自慢。週末には音楽イベントやマルシェが開催される。
☎052-953-4451
🕐12:00〜21:00(LO20:30)

ブリティッシュパブ

HUB GRAMPUS PUB MIRAI TOWER 店
ハブ グランパス パブ ミライ タワーてん

地元Jリーグチーム名古屋グランパスとのタイアップ店。本場英国PUBをイメージした店内や広々としたテラス席で盛り上がろう！
☎052-957-5582
🕐12:00〜23:00(LO22:30)

名古屋らしい魅力と創造力が詰まった
ワクワクする学びスポットへGO!

内径35mのドームで感動の宇宙体感

プラネタリウムドーム NTPぷらねっと

🏠 天文館6F
🕐 50分／1日6回
※詳細は公式サイトを確認
定員 各回345名（一部予約制）

最新のデジタル映像により限りなく本物に近い星空を再現。毎月テーマが替わり、学芸員の生解説を聞きながら星空をじっくり観賞しよう。

屋外展示もCHECK！

H-ⅡBロケット
日本で開発した中で最大の二段式ロケットの構造と大きさを実感！

写真提供：（公財）名古屋観光コンベンションビューロー

国内屈指の総合科学館
名古屋市科学館
なごやしかがくかん

約260種類の展示を通し"見て、ふれて、たしかめて"科学が学べる。名古屋にゆかりの深い鉄道車両をはじめ10基の屋外展示のほか、耐震構造などが可視化され、建物自体も展示装置になっている。

🏠 名古屋市中区栄2-17-1
☎ 052-201-4486
🕐 9:30～17:00（最終入館16:30）
㊡ 月曜（祝日の場合は翌平日）、第3金曜（祝日の場合は第4金曜）
💰 800円、展示室のみは400円
🚉 地下鉄伏見駅4・5番出口から徒歩5分

伏見 ▶ MAP 別P.6 B-3

4つの大型展示を CHECK！

科学館の目玉、エンターテインメント性豊かな4つの大型展示で自然の不思議と驚異を体感しよう。

🚶 所要：約120分

① 竜巻ラボ

🏠 理工館3F
🕐 15分／1日3回（土・日曜、祝日は4回）

風の渦と上昇気流を使った実験を行い、竜巻ができる仕組みを解説。実験によってできた高さ9mの巨大な竜巻を観察して。

② 極寒ラボ

🏠 理工館5F
🕐 20分／1日11回（土・日曜、祝日は12回）
定員 10名（整理券必要）
※整理券配布方法は公式サイト参照

マイナス30℃の極低温空間で極地を疑似体験、オーロラの全天周映像を見たり、氷について体験しながら学べる。

③ 放電ラボ

🏠 理工館4F
🕐 20分／1日5回（土・日曜、祝日は7回）
定員 50名（先着順）

そびえ立つ2基の巨大コイルを使った放電ショー。120万ボルトの電気が放出されることで起こる発光など、電気エネルギーの激しさを体感。

④ 水のひろば

🏠 理工館2F
🕐 5分／1日8回

光と音の演出によって、地球において水が循環する仕組みを解説。くも、あめ、かわ、うみの各ステージで行われる、水の性質に関するさまざまな実験が楽しい。

名古屋には、学びにつながる体験施設が多数。せっかく訪れるなら、大人がワクワクしながら楽しく学べて、地域の特性も感じられるスポットへ出かけてみよう。

WHAT IS

世界最大級

名古屋市科学館の内径35mのプラネタリウムドームは、世界最大のプラネタリウムとしてギネス世界記録に認定されている。

時代を代表する
トヨタ車がずらり

自動車館

無料ガイドツアーあり
🕑45分／11:15〜、14:45〜

トヨタの自動車づくりの歴史をさまざまな角度から紹介。自動車をつくるための機械が迫力ある音や振動を立てて動く様子や、歴代の車両が見学できる。

トヨタの「モノづくり」にふれる

トヨタ産業技術記念館
トヨタさんぎょうぎじゅつきねんかん

トヨタグループ発祥の工場「旧豊田紡織本社工場」を産業遺産として保存。本物の機械の動態展示や実演を通じて、近代日本の発展を支えた繊維技術と、進化し続ける自動車技術の変遷が体験できる博物館。

🏠名古屋市西区則武新町4-1-35
☎052-551-6115
🕘9:30〜17:00（最終入館16:30）
🈺月曜（祝日の場合は翌平日）
💰500円　🚃名鉄栄生駅から徒歩3分

栄生　▶MAP 別P.4 A-1

1966年に発売しマイカー時代を率いた初代カローラ

画期的な流線型デザイン

1936年に発売されたトヨタAA型乗用車（複製）

繊維機械館

無料ガイドツアーあり
🕑45分／10:00〜、13:30〜

大正時代に建てられた紡績工場をそのまま使用。糸紡ぎや機織りの機械が約100台並び、人力織機や動力織機などの実演を見て技術の進歩が手に取るようにわかる。

ミュージアムショップもCHECK!

繊維機械にまつわる商品や自動車関連グッズ、実演から生まれたタペストリーまで幅広くラインナップ。

先端がスパナの形をしたスパナスプーン・フォーク大中小各440円〜

陶磁器の魅力を再発見！

ノリタケの森で豊かな時間

緑あふれる敷地には、赤レンガの建物が並び、ヨーロッパの町に迷い込んだよう。
都会のオアシスで、世界のノリタケの歴史とものづくりを知ろう！

ノリタケの技術、伝統、芸術の粋に出合う

創立100周年を記念し誕生した産業観光施設

ノリタケの森
ノリタケのもり

陶磁器メーカー・ノリタケ本社敷地内にある複合施設。広い園内には歴史ある建物やショップ、ミュージアムのほか、カフェやレストランなどが点在し、一日中のんびりと楽しめる。

🏠名古屋市西区則武新町3-1-36
☎🕐㉁施設により異なる（詳細は公式サイトを確認）
🚃地下鉄亀島駅2番出口から徒歩5分
亀島 ▶MAP 別P.8 B-1

---

1 ## 陶磁器の美にふれる

1904（明治37）年創立のノリタケの歴史からデザインの変遷、陶磁器の製造工程まで。ノリタケの魅力とものづくりへのこだわりを知る。

ノリタケの美と伝統に出合う

ノリタケミュージアム

豪華な「オールドノリタケ」や美しいデザイン画、日本で最初に作られたディナーセット「セダン」をはじめとする数々のディナーウェアなど、歴史的、文化的に貴重な作品を展示する。

☎052-561-7114
🕐10:00〜17:00 ㉁月曜（祝日の場合は翌平日）
🉐500円（クラフトセンターと共通）

2フロア。4階から3階の順で回るのがおすすめ

ボーンチャイナができるまで

クラフトセンター

1階では原型製作や釉焼きなど、生地製造工程を学べ、2階では職人によるハンドペイントなど、絵付け作業を見ることができるほか絵付け体験コーナーもある。

☎052-561-7114
🕐10:00〜17:00 ㉁月曜（祝日の場合は翌平日）🉐500円（ノリタケミュージアムと共通）

体験information

絵付け体験
陶磁器用の絵具でお皿やマグカップなどに絵付けができる。真っ白なボーンチャイナ製品に絵を描きオリジナルに！作品は3〜4週間後に自宅へ郵送してもらえる。

開催日時 随時受付（受付〜16:00）
🕐約90分
¥プレート2000円、マグカップ2000円など
※要クラフトセンター入館料

2 森を散策する

名古屋市中心部ながら、豊かな緑が包み込む約3万4000㎡の敷地を誇る。自然を感じながら過ごしてみて。

創立時、建築された赤レンガの建物。工場として使用されていた

老若男女がふらりと訪れる憩いの場。四季折々の景色もステキ

6本煙突。昭和初期に建てられたトンネル窯煙突の跡

芸術作品のような料理の数々
Restaurant Kiln
レストラン キルン

ノリタケの食器でサービスされる創作フレンチが堪能できる。華やかで美しい絵画のようなプレートでスイーツとのマリアージュが楽しめるアフタヌーンティー4000円が人気。

☎052-561-7304 ㊗11:30～14:30、17:30 ～ 20:30(LO19:30)
※アフタヌーンティーは14:00～16:00(前日までの要予約)
㊡月曜(祝日の場合は翌平日)

ランチコース3100円～。内容は季節により異なる

ディナーコース8000円～。五感を刺激する料理ばかり

3 レストラン&カフェでひと休み

ノリタケの食器とともにくつろぎの時間を。優雅なレストランとカジュアルなカフェ、気分によって使い分けたい。

温もりが広がる空間も魅力
Café grand vert
カフェ グラン ヴェール

ナチュラルなウッドテーブルやファブリックなど、温かみのあるインテリアに癒されるカフェ。ひとりでも利用しやすい雰囲気がうれしい。

☎052-561-7304
㊗11:00～17:00(LO16:30) ㊡無休

メインにサラダ、バゲットが付くランチ1380円

4 ショップでおみやげ探し

ギフトから日常使いのカジュアルな食器、コーディネート雑貨までがずらり。見ているだけでも楽しい。

オマージュコレクションコーヒーカップ＆ソーサー1万6500円

ノリタケの森限定「森のベアシリーズ」ハートベア4070円

ノリタケの森限定「森のベアシリーズ」金シャチベア4950円

ノリタケの森限定アイテムも！
ノリタケスクエア名古屋
ノリタケスクエアなごや

ノリタケ直営の食器を中心としたライフスタイルショップ。アウトレットコーナーもあるので、廃番商品や企画品など、掘り出し物が見つかるかも！

☎052-561-7290
㊗10:00～18:00 ㊡無休

煙突広場は春から夏にかけての青々とした芝生も魅力。

2022年に5周年を迎えた日本初のレゴランド®へ

一日中楽しめる**リゾート**で遊ぶ

見て、触って、体験して。時間を忘れて親子で夢中！
今世紀最高のおもちゃと言われるレゴ®ブロックの世界観を満喫しよう！

泊まって遊べる一大リゾート
レゴランド®・ジャパン・リゾート

1700万個のレゴ®ブロックと1万個のレゴ®モデルを使用したテーマパーク。40を超えるアトラクションやショーをはじめ、想像力を働かせるワークショップなど、子どもの思考を育む学びの場としても大人気。

♠名古屋市港区金城ふ頭2-2-1
☎0570-05-8605 ㈱10:00～16:00※閉園時間は日により異なる ㈭不定休 ㈵1DAYパスポート19歳以上4500円～、3～18歳3300円～ ※料金は季節により異なる、ほか早期購入割引などもあり
㉑あおなみ線金城ふ頭駅から徒歩5分
金城ふ頭 ▶MAP 別P.3 D-3

❶ナイト・キングダム

中世をイメージしたエリア。目玉のザ・ドラゴンを含む4つのアトラクションやキングダム・ゲームが魅力。

ザ・ドラゴン

レゴ®モデルが動くお城をすり抜けるスリル満点のジェットコースター

８つのエリアで
遊び尽くす！

アトラクションが充実♪

④

①

②

③

レゴ®ブロックの製造工程を見学

⑧

❷レゴ®ニンジャゴーワールド

3つのアトラクションとロッククライミング・ウォールなどのプレイエリアでニンジャのスキルが磨ける。

フライング・ニンジャゴー

ドラゴンの背中に乗ってニンジャのように空を飛び回る迫力の修行体験

❸パイレーツ・ショア

大きなプールを中心とする海賊がテーマのエリア。2つのアトラクションと船の形をしたプレイエリアがある。

スプラッシュ・バトル

水鉄砲が付いた海賊船でサメや海賊が待ち受ける海を進む。水濡れ必至

❹ レゴ®シティ

テーマは街。6つのアトラクションと2つのプレイエリアで、消防士体験やパイロット体験などができる。

レスキュー・アカデミー

消防車で現場に出動したら、水濡れ覚悟で燃えるビルを消火しよう！

❺ ミニランド

1000万個以上のレゴ®ブロックで、日本国内の主要都市や名所を再現。名古屋城の金鯱もチェック！

渋谷のスクランブル交差点にはビジネスマンたちが忙しく行き交う姿も

❻ アドベンチャー

冒険がテーマのエリア。車やジェットポート、飛行機など親子で楽しめるアトラクションが充実。

サブマリン・アドベンチャー

潜水艦に乗り込んで、レゴ®ブロックで造られた海底の古代遺跡を探検！

レゴ®ブロックをモチーフにしたブリックハウスバーガーセット（レゴポテト・ドリンクバー付き）1800円／レゴシティ（ブリック・ハウス・バーガー）

ミニフィギュアトレーディング サコッシュ（5ポケット）1500円

レゴランド®テーマパーク1万8000円。レゴランドを再現したレゴランド限定セット

レストラン＆ ショップもワクワク

❼ ブリックトピア

幼児用のデュプロ®ブロックをモチーフにしたアトラクションのほか、ワークショップも開催。

オブザベーション・タワー

高さ約60mのシンボル塔。パーク全体を見下ろす回転式の展望台から、360度のパノラマが楽しめる

❽ ファクトリー

ツアーに参加し、レゴ®ブロックがどのように作られているのか見学できる。ショップやレストランもたくさん。

レゴ®ファクトリー・ツアー

レゴ®ブロックの製造工程を見た後、オリジナルのブロックがもらえる

水族館＆ホテルも あるんです!!

シーライフ名古屋
シーライフなごや

レゴ®ブロックでできた謎の沈没船や木曽川をイメージした水槽、クラゲの海など11のゾーンで構成。

レゴランド®・ジャパン・ホテル

レゴ®ブロックの世界を楽しむ日本唯一のホテル。全室にトレジャーボックス付き子ども部屋を完備。

名古屋の
ものづくり

愛知を支える産業と
名古屋が生んだ工芸の数々

　名古屋市のある愛知県は全国有数の工業県。基幹産業の自動車に代表される輸送機械をはじめ、繊維、陶磁器など、数々のものづくりを行う企業が集まり、製造品出荷額等は44年連続日本一を誇っている（2021年調査）。

　ものづくりは、江戸時代からさかん。名古屋城築城に関わった職人が名古屋にそのまま残り技術を伝えたからとも、名古屋の発展とともに江戸や京都などからの往来が増え、さまざまな技術が伝わったからとも言われている。

　市内には、産業文化財を公開しものづくりが学べるスポットや、受け継がれてきた手仕事を体験できる工房も豊富。ぜひ訪れて名古屋のものづくりにふれてみたい。

有松絞り
（工芸）

匠の技が光る逸品
今や世界のShiboriに

　1610（慶長15）年竹田庄九郎が、名古屋城築城工事で来ていた豊後（大分県）の職人から伝えられた絞りの技法で手織り木綿の手ぬぐいを作り、旅人に販売したのが始まりと言われている。1975（昭和50）年、国の伝統的工芸品に指定された。

　"くくる"、"縫う"、"たたむ"など、すべて手作業で絞った生地を染め上げ、さまざまな絵柄を描き出す染色技法。江戸時代から考案された技法は100種類以上。現在は、和服だけでなく洋服や雑貨などにも展開。

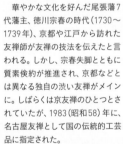

名古屋友禅
（工芸）

単彩濃淡調
独特の渋さが魅力

　華やかな文化を好んだ尾張藩7代藩主、徳川宗春の時代（1730〜1739年）、京都や江戸から訪れた友禅師が友禅の技法を伝えたと言われる。しかし、宗春失脚とともに質素倹約が推進され、京都などとは異なる独自の渋い友禅がメインに。しばらくは京友禅のひとつとされていたが、1983（昭和58）年に、名古屋友禅として国の伝統的工芸品に指定された。

　質素倹約をよしとする名古屋の土地柄が影響。豪華絢爛な京友禅とは異なり、単彩濃淡調の色使いが特徴で"渋さ"が表現されている。

（工芸）

日常使い、贈り物に。
生活に溶け込む伝統品

名古屋扇子

　宝暦年間（1751〜1764年）に京都から名古屋城下に移住してきた父子により始められたと伝わる。名古屋は京都と並ぶ扇子の二大産地。華やかな京扇子とは対照的に男性的な機能美が特徴。実用性を重視し、祝儀用や男性用の量産品を主体として発展した。今でも、各工程すべて手作りの伝統的な製法を守る。

コチラで体験できる

TOURISM

名古屋城

徳川家

神社

癒しスポット

名所

学び

テーマパーク

繊維機械
産業

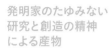

発明家のたゆみない研究と創造の精神による産物

1890 (明治23) 年、豊田佐吉が初めて発明した「豊田式木製人力織機」をスタートに、1896 (明治29) 年、日本で最初の動力織機「豊田式汽力織機」、1924 (大正13) 年には当時世界一と称された「G型自動織機」を誕生させる。豊田佐吉の発明は、日本の繊維産業に大きく貢献し、日本の織機が世界を牽引するまでになった。

陶磁器
産業

日本製の白く美しい精緻な洋食器

貿易会社を経営していた森村市左衛門はヨーロッパの美しい陶磁器に惚れ込み、日本でも作ることを決意。1904 (明治37) 年に日本陶器合名会社 (現株式会社ノリタケカンパニーリミテド) を創立し、10年の月日をかけ、白色硬質磁器製の日本初のディナーセットを完成させた。それらは米国へと輸出され、やがて「ノリタケチャイナ」の名で知られる世界的ブランドに。

鋳物ホーロー鍋
産業

高度で繊細な職人の技術と熱い思いの結晶

1936 (昭和11) 年創業の鋳造メーカー「愛知ドビー」の3代目兄弟が、長年培ってきた鋳造や精密加工の技術を生かして、無水調理可能な鋳物ホーロー鍋をつくることに挑戦。約3年の開発期間を経て2010年、メイド・イン・ジャパンの鋳物ホーロー鍋「バーミキュラ」を完成させた。

鍋の製造と同じように、料理の職人としてバーミキュラ専属シェフが、素材本来の味を最大限に引き出すオリジナルレシピを日々開発し発信。料理の楽しさを教えてくれる、一生付き合える鍋として人気が高まっている。

名古屋友禅

手描き友禅の魅力を知る
友禅工房 堀部
ゆうぜんこうぼう ほりべ

3代続く染め工房。着物のあつらえだけでなく、着物のお直しなどの相談もできる。伝統工芸士、堀部満久さんが持つ独自の技術、自然の樹の葉を押し型にして染め上げる "樹光染" にも注目。工房ではハンカチなどへの色挿し体験を開催。

🏠名古屋市西区万代町1-28
☎052-531-9875 ⏰9:00〜18:00 ㊡日曜 ㊸色挿し体験2000円〜 (要予約) Ⓜ地下鉄浄心駅6番出口から徒歩10分
浄心 ▶MAP 別P.4 B-1

名古屋扇子

熟練職人がつくる一本を
末廣堂 新道小売店
すえひろどう しんみちこうりてん

1912 (大正元) 年の創業以来、宝暦年間から続く名古屋扇子の伝統技法を受け継いでいる。時代に合わせた、イベントやギフト用の扇子なども揃える。扇子づくりの体験・ワークショップを開催。

🏠名古屋市西区新道1-20-14
☎052-562-2267 ⏰10:00〜17:00 ㊡日曜、祝日 ㊸扇子づくり体験1000円〜 (要予約) Ⓜ地下鉄浅間町駅3番出口から徒歩5分
浅間町 ▶MAP 別P.4 B-1

鋳物ホーロー鍋

体験型ブランド発信拠点
VERMICULAR VILLAGE
バーミキュラ ビレッジ

"最高のバーミキュラ体験" をテーマにした複合施設。「スタジオエリア」「ダインエリア」の2施設からなり、スタジオエリアはフラッグシップショップを中心にものづくり体験や料理教室なども開催する。

🏠名古屋市中川区船戸町2 運河沿い
☎052-746-3330 ⏰スタジオエリアは10:00〜17:00、金〜日曜、祝日は〜18:00 ㊡無休 ㊸詳細は公式サイトを確認 Ⓜ名鉄山王駅から徒歩15分
山王 ▶MAP 別P.4 B-2

有松絞り

伝統工芸士による絞りの実演は必見
有松・鳴海絞会館
ありまつ・なるみしぼりかいかん
>>>P.128

繊維機械

トヨタグループ発祥の地
トヨタ産業技術記念館
トヨタさんぎょうぎじゅつきねんかん
>>>P.81

陶磁器

陶磁器に関する複合施設
ノリタケの森
ノリタケのもり
>>>P.82

連れて帰らずにはいられません
金鯱集めが楽しくて

Food

顔がちょっとずつ違うよ！

2022年、11年の休養を経て復活！

シャチボン
鯱形のシュークリーム。2000年にカフェボンヴォヤージュで販売されたためシャチボンの名に **C**

¥594

キラキラ金箔もプラス

キラキラNAGOYAシュヌレ
カヌレとシュークリームを掛け合わせたハイブリッドスイーツに鯱形クッキーをオン！ **F**

¥820 (2個入り)

自家製あんの甘みがいい具合

各¥160

元祖鯱もなか
もち米だけで焼き上げたパリッと香ばしい最中の皮で独自の製法でじっくり炊き上げたつぶあんを挟む **A**

パッケージもおしゃれ

¥1458

鯱も、一息。
もなか皮×フィナンシェ。キャラメルやフランボワーズソースがアクセント **A**

オリジナル焼印の愛らしい鯱

金鯱きんつば
北海道産有機栽培小豆を使ったつぶあんはあっさりした甘みでいくつでも食べられそう **B**

各¥150

琥珀糖金鯱
外はパリッと中はゼリーのようなやわらかさ **B**

¥250 (1袋5個入り)

名古屋らしいお菓子が豊富
A 元祖鯱もなか本店
がんそしゃちもなかほんてん

1907（明治40）年創業の老舗。元祖鯱もなかは1921（大正10）年に誕生し、100年以上愛されている銘菓。お菓子は本店裏の工房で手作り。本店では1個から購入も可能。

🏠 名古屋市中区松原2-4-8 ☎052-321-1173 🕘9:00〜17:30、祝日は〜17:00 🈺無休 🚇地下鉄大須観音駅3番出口から徒歩7分

大須観音 ▶MAP 別P.4 B-2

円頓寺本町商店街の和菓子店
B 松露堂
しょうろどう

創業は1877（明治10）年、現在は5代目が切り盛り。看板商品の松露糖などの半生菓子と毎朝一つひとつ手焼きするきんつばが人気。日常にもギフトにも重宝するお菓子が揃う。

🏠 名古屋市西区那古野2-16-10 ☎052-586-4514 🕘9:30〜18:00、木曜は〜17:00 🈺日曜、月1回月曜 🚇地下鉄国際センター駅U10出口から徒歩7分

那古野 ▶MAP 別P.9 D-1

魚の姿で頭は虎という架空の生き物、鯱。
名古屋のシンボルのひとつで、
鯱モチーフが町のあちらこちらに。
本来いかつめな姿なのに、かわいく
おしゃれに変身したグルメや雑貨にも注目。

町なか金鯱

名古屋といえば金鯱！町を歩いて金鯱モチーフを探すのも楽しい。特に地下鉄名古屋駅付近は収穫高め。

栄、広小路通り沿いにあるバス停の屋根に注目！左右に輝くミニ金鯱が

Zakka

エビフライが交じっている!?

¥1400

てぬぐい（シャチホコならべ）
「かまわぬ」と名古屋城本丸御殿ミュージアムショップがコラボしたオリジナル **D**

¥440

遊び箋　なかよししゃちほこ
美濃和紙の便箋。ぐるりと並んだ表情豊かな鯱に注目して！ **H**

さりげなく鯱アピール！

¥605

シャチ下
履いてみるとなんだかかわいい！ラメ入りでキラキラしているのもポイント **E**

¥1100

金鯱マグネットセット
ショップオリジナル。小さめながらまぶしく輝く存在感は半端なし **D**

普段使いできるカジュアルな扇子

¥1100

鯱と家紋
鯱のイラストと葵の家紋がプリントされた扇子。落ち着いたカラーも◎ **G**

¥450

ピンズ
観光地みやげの定番。金鯱の背景にはうっすら葵の家紋が施された模様が **G**

安定感も◎置物として飾っても

各¥990

金鯱箸置き
ショップオリジナル。食卓に輝きが!? 2つ購入して対にして並べたい **D**

¥440

そえぶみ箋　金のしゃちほこ
ちょっとしたメッセージを添えたい時に。美濃和紙の風合いもステキ **H**

カラーは天守閣の屋根をイメージ

¥1200

金の手ぬぐい
名古屋城内限定の「NAGOYA CASTLE」シリーズの手ぬぐい **H**

シャチポンもスタンバイ！
C カフェデンマルク JR名古屋駅店
カフェデンマルク ジェイアールなごやえきてん

早朝からの営業がうれしいサンドイッチ・カフェ＆ベーカリー。店内で焼き上げるパンのほか、シャチポンも販売。イートイン（605円）もできるので、コーヒーと一緒に楽しもう。

🏠名古屋市中村区名駅1-11-14 名古屋駅名古屋うまいもん通り ☎052-583-5210 🕖7:00〜22:00（LO21:30）🈳無休 🚉名古屋駅広小路口からすぐ

`名古屋駅周辺` ▶MAP 別P.8 C-2

オリジナルアイテムも豊富
D 名古屋城本丸御殿ミュージアムショップ
なごやじょうほんまるごてんミュージアムショップ
>>>P.25

駆け込みみやげといえば
E グランドキヨスク名古屋
グランドキヨスクなごや
>>>P.99

地域の銘店とのコラボ
F 名鉄商店
めいてつしょうてん
>>>P.114

金シャチ横丁のおみやげ店
G 鯱上々
しゃちじょうじょう
>>>P.68

西の丸御蔵城宝館内
H 三番御蔵
さんばんおくら
>>>P.25

雑貨

スイーツ＆和菓子

銘菓

おみやげ

器

グルメ

絶対的安定感を誇る品々

老舗の最強銘菓を持ち帰る

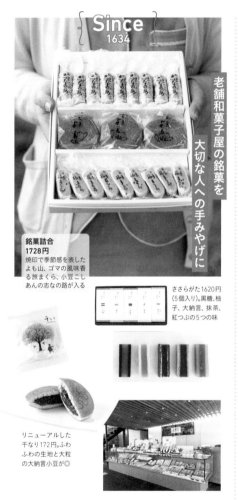

Since 1634

老舗和菓子屋の銘菓を大切な人への手みやげに

銘菓詰合 1728円
焼印で季節を表したよも山、ゴマの風味香る旅まくら、小豆こしあんの志なの路が入る

ささらがた 1620円（5個入り）。黒糖、柚子、大納言、抹茶、紅つぶの5つの味

リニューアルした千なり172円。ふわふわの生地と大粒の大納言小豆が◎

方言まんじゅう

a ごっさま 1512円（10個入り）。もちもちの焼き皮の中にはしっとりとしたこしあん。b 胡桃餡の表面を和三盆で包んだ山宝果648円（12個入り）c 老舗の風格漂う店内

Since 1854

創業時より代々伝わる時季のお楽しみ、上り羊羹

上り羊羹 2484円
溶けるようななめらかな舌ざわりの蒸し羊羹。上品な甘さで小豆の風味が立っている ※販売は9月下旬〜5月上旬

尾張藩御菓子所と認められた名店

両口屋是清 東山店
りょうぐちやこれきよ ひがしやまてん

大坂の菓子司・猿谷三郎右衛門が尾張藩用菓子製造のため名古屋で開業したのが始まりとされる。手みやげにぴったりの銘菓詰合をはじめ、季節感あふれるささらがたなど多様なお菓子が揃う。

🏠名古屋市千種区東山4-4-1 ☎052-782-1115 🕘9:00〜18:00、カフェは11:00〜17:00(LO) 🈳木曜 🚇地下鉄東山公園駅1番出口から徒歩2分

東山公園 ▶MAP 別P.5 E-2

名古屋に深く根付く老舗和菓子店

美濃忠 本店
みのちゅうほんてん

尾張徳川家の御用菓子屋、桔梗屋から暖簾分けし誕生。伝統の味と技を守るべく、早朝から店奥の工場で職人たちが手作りしている。「上り羊羹」「初かつを」などの銘菓はご進物の定番。

🏠名古屋市中区丸の内1-5-31 ☎052-231-3904 🕘9:00〜18:00 🈳無休 🚇地下鉄丸の内8番出口から徒歩3分

丸の内 ▶MAP 別P.9 F-1

名古屋には江戸時代から続くような、歴史ある名店が多数。
伝統を大切にしながらも、ちゃんと"今"にも
寄り添っている店ばかり。地元の人たちから、
何代にもわたり愛されている老舗を一度のぞいてみて。

〜 ふわっとろっの新食感 〜

国内産吉野本葛を使った和風ミルクプリン、和葛〜やわくず〜 a大納言小豆
420円 b苺 400円 c西尾抹茶 410円 d乳製品不使用の豆乳こしあん 410円

Since 1848

初代がみりん屋だった
ルーツから生まれた逸品

銘菓 不老
1700円（6個入り）
生地にはみりんをプラ
スし、卵、乳製品は使
わず、代わりにオリー
ブオイルと豆乳を使用

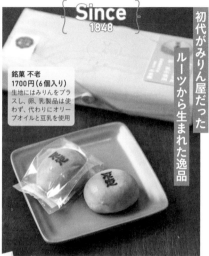

e干菓子の銘菓 歌ごよみ 1100円
（10包入り）f和モダンな喫茶ス
ペース g季節の生菓子も並ぶ

Since 1866

桂新堂の心意気を
余すことなく

海老づくし
（2カップと11袋入）
3564円
エビの姿焼きや炙り焼
きを詰め合わせ。職人
が一尾ずつ手焼きした
まさにごちそう

車えびあられ焼き単
品864円。生きたまま
捌き焼く。職人技が光
る逸品

袴姿のスタッフが、明るく丁寧に接客してくれ
るのも桂新堂の大きな魅力

地下1階の百福庵では、海老まぶし膳2420円
（前日12:00までに要予約）などを味わえる

「味わう和」シリーズの
こんがりえびチーズ
713円（6袋入）

伝統と新しさが心地よく調和する

不老園
ふろうえん

8代目の女性店主が切り盛り。伝統製
法で手作りする生菓子に加え、和菓子
が身近になるきっかけにと、和スイーツ
も提供する。店内にはお茶と一緒に楽
しめる喫茶も。気軽に立ち寄りたい。

🏠名古屋市中区古渡町 11-32 ☎052-321
-4031 ◷9:00〜18:00、日曜は〜16:00
㋬水曜 ◉地下鉄東別院駅 3番出口から
徒歩7分

`東別院` ▶MAP 別P.4 B-2

"海老"と真摯に向き合う老舗

桂新堂 本店
けいしんどうほんてん

国産のエビを独自の製法で焼き上げ
た、"姿焼き"が名物。北海道余市漁港
の近くに工場を構え鮮度抜群のまま
加工するなど、"海老のおいしさ"を伝
えることに余念がない。

🏠名古屋市熱田区金山町 1-5-4 ☎052-
681-6411 ◷10:00〜18:30 ㋬不定休 ◉
各線金山駅南口からすぐ

`金山` ▶MAP 別P.4 B-2

尾張家御用達を務めた「桔梗屋」。明治年間に休業となったが、暖簾分けされており、美濃忠をはじめ、技術を受け継いだお店は今も健在。

91

勝負手みやげならコレ！

麗しきときめきみやげをGET!

おいしいのは当然だから、プラスαにもこだわりたい。
受け取った瞬間、心をガッチリ掴む美しい or かわいいデザインのスイーツをセレクト。

優雅なティータイムに誘ってくれるクッキー缶

クッキー缶を求めて行列ができる

CAFÉ TANAKA 本店
カフェ タナカ ほんてん

1963（昭和38）年、自家焙煎珈琲専門店としてオープン。現在はパティシエール自慢のスイーツも楽しめるカフェに。ショップでは焼き菓子なども販売。

🏠名古屋市北区上飯田西町2-11-2 ☎052-938-8977 🕐10:00〜18:30 ※カフェ9:30〜17:30（LO 17:00）、土・日曜、祝日は8:30〜 🈳無休 🚃各線上飯田駅から徒歩4分

上飯田 ▶MAP 別P.3 E-2

レガル・ド・チヒロ シュクレ缶 5211円
フランス菓子の伝統的な技法を追求し、一枚一枚手作りするクッキー

コチラも
おすすめ

**バタリーサンド
（9個入り）
3420円**
サクサク食感のクッキーでふわりと軽いバタークリームをサンド（フレーバーは季節により異なる）

コチラも
おすすめ

**ビスキュイ・
シンプリシテ缶
2997円**
素材の味がダイレクトに伝わるシンプルなクッキー

カヌレボックス（5個入り）2000円
スチームラックオーブンで焼き上げる美しいカヌレ

かわいいBOXにプレーンと季節限定フレーバー

バターの豊かな香りに包まれる

Buttery
バタリー

フランス産発酵バター、国産発酵バター、北海道バターなど、バターにこだわる焼き菓子の専門店。店内の工房で焼き上げた、焼きたてスイーツも並ぶ。

🏠名古屋市西区名駅2-23-14 VIA141 1F ☎052-564-3553 🕐10:30〜18:30 🈳火曜、第3水曜 🚃各線名古屋駅1番出口から徒歩6分

名古屋駅周辺 ▶MAP 別P.8 C-1

卵の中にはクリーミーでとろける半熟プリン！

**かっちゃんプリン
1380円（6個入り）**
名古屋コーチンの卵黄を100％使った口溶けのよいプリン。1個230円

**コチラも
おすすめ
カリカリクッキー
ドームシュー
178円（Mサイズ）**
注文後、カリカリのシューにクリームを詰めてくれる

老若男女に愛される町のケーキ屋さん
プチフレーズ 茶屋が坂本店
プチフレーズ ちゃやがさかほんてん

オーナーシェフ田辺さんの愛情が詰まったスイーツが人気。地産地消を意識した素材を使い、すぐ裏の工房で手作り。安心安全にこだわったスイーツばかり。

🏠名古屋市千種区茶屋が坂1-21-17 ☎052-711-3553 🕙10:00～19:30 🈺火曜、第2・4月曜 🚇地下鉄茶屋ヶ坂駅1番出口からすぐ

`茶屋ヶ坂` ▶MAP 別P.5 E-1

自然の風味と色合いのチョコレートが評判
hotel the progress
ホテル ズ プログレス

150年の歴史を誇る「信忠閣」ブランド復刻のために誕生した西洋菓子ブランド。アフタヌーンティー文化とオーガニックスイーツを届ける。

🏠名古屋市中区栄3-5-1 名古屋栄三越B1F ☎052-252-3006 🕙10:00～20:00 🈺施設に準ずる 🚇地下鉄栄駅16番出口直結

`栄` ▶MAP 別P.7 D-2

美しい花びらのチョコレートが舞う

**ミルティペタル
4250円**
6種類の風味が楽しめる自然派素材のチョコレート

**ペタル インディゴ
4450円**
ブランドカラーの藍色のグラデーションが美しい

**コチラも
おすすめ**

蓋を開けた瞬間美しい花のおはぎに感嘆！

おひつ5個入り 6000円〜
花の種類は季節感を大切に随時変更している

トルコキキョウ／ バラ／ ラナンキュラス／ イングリッシュローズ

体に安心の素材を使うおはぎ
An de flower
アンデフラワー

本場韓国の花餅を習得した主人が作る可憐なおはぎが評判。無添加の白あんや天然色素を使用、おはぎのあんにもきび砂糖など、体に優しい素材を厳選する。

🏠名古屋市北区大曽根2-1-16 ☎052-908-8771 🕙11:00～15:00 🈺月～水曜 🚇名鉄森下駅からすぐ

`大曽根` ▶MAP 別P.13 F-1

つい集めたくなる器たち

温もりが伝わる器を探しに

名古屋のお隣、瀬戸市は約1000年前から続く日本有数の焼きもの "せともの" で知られる。
伝統的なせとものや若手作家が創作する斬新な器など、暮らしに合う一品が見つかるはず。

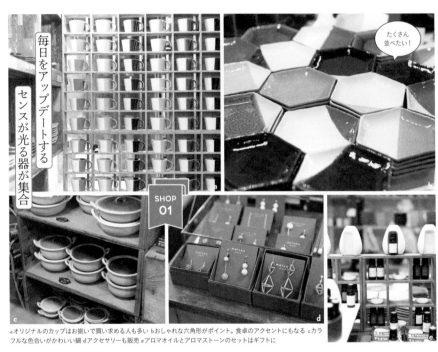

毎日をアップデートする
センスが光る器が集合

たくさん並べたい！

SHOP
01

a オリジナルのカップはお揃いで買い求める人も多い b おしゃれな六角形がポイント。食卓のアクセントにもなる c カラフルな色合いがかわいい鍋 d アクセサリーも販売 e アロマオイルとアロマストーンのセットはギフトに

オリジナルブランドの食器を販売

m.m.d.
エムエムディー

"ほんの少しの非日常" がコンセプト。カラフルな色の器や小皿など、テーブルを楽しく演出するせとものを中心に販売。瀬戸市の作家とともにオリジナルブランドの器も創作している。

🏠 名古屋市中区錦 3-6-5 コインズビル1F ☎ 052-684-6682 🕙 10:00〜20:00 ㊡ 無休 🚇 地下鉄久屋大通駅6A番出口からすぐ

栄 ▶ MAP 別P.7 D-1

**リム
プレート
3850円**
食洗機やオーブンにも使える皿。軽くて使い勝手抜群

**中鉢
1980円**
深さがあるのでサラダや煮物、鍋の取り皿にも使える

**取皿
1595円**
m.m.dブランドの最初のアイテムとして定番人気

**オーブン
ファイヤー
3300円**
直径19cm。直火やレンジ、オーブンにも使えるのが評判

**アロマオイルと
アロマストーン
のセット
4950円〜**
アロマオイルは全9種類。アロマストーンはせともの

黒織部 リムオーバル
1980円〜
12代続く瀬戸赤津の窯元とのコラボ商品。柄が料理のアクセントに

器を介して作り手の世界観にふれる楽しみを知る

陽刻パスタ皿
4950円
手で彫られた型を使って焼成。繊細な柄が魅力

御深井 三彩玉縁七寸鉢
3190円
青、茶、御深井の組合せがおしゃれ

黄瀬戸小鉢 花
1760円
瀬戸市赤津の窯元の5代目が創作。料理が映える黄色

a 店内にはところ狭しと器類が並ぶ b 黄瀬戸のカップや皿 c エビフライやマヨネーズなどかわいいデザインの箸置き d 復刻した古伊万里なども

小倉トーストの箸置きも

SHOP 02

全国各地の焼きものが揃う

tunagu
ツナグ

"日常の食器を楽しむ"をテーマに、主人が厳選した赤津焼、波佐見焼や唐津焼、多治見や瑞浪などの焼きものを揃える。料理の盛り方など、さまざまなアドバイスが受けられるのもうれしい。

🏠名古屋市東区大幸3-1-26 ☎052-722-5655 🕐11:00〜18:00 ㊡日〜火曜 🚇地下鉄ナゴヤドーム前矢田駅2番出口から徒歩7分

`ナゴヤドーム前矢田`
▶MAP 別P.5 D-1

SHOP 03

色もシンプル

a「マルミツポテリ」のホームユースブランド「スタジオ エム」の食器や道具も b 真似したくなるテーブルコーディネート cd 美しい食器がずらり

シンプルで上質感のある器が充実

sono
ソノ

瀬戸の陶器メーカー「マルミツポテリ」のプロユースブランド「sobokai」を中心にラインナップ。シックで趣のある器やオリジナルリネン類が揃う。

🏠名古屋市千種区山門町2-39 ☎052-757-5667 🕐10:00〜19:00 ㊡火曜 🚇地下鉄覚王山駅1番出口からすぐ

`覚王山`
▶MAP 別P.11 D-3

フォスキーア 9.5"プレート
3520円
ベースの黒土が透けたグレーのような色合いがモダン

ミント 200プレート ダークグレー
2310円
ミントの柄の凹凸が入ったプレート

日常から特別な日まで シックな装いの器の数々

ルル ゴブレット ノワール
2530円
小ぶりで土のざらっとした質感が特徴。プレゼントにも

フォルクローレ 6寸鉢 錆かいらぎ
2860円
伝統的技法"かいらぎ"で作られるシンプルな形の鉢

せとものとは、愛知県瀬戸市周辺で作られている陶磁器、瀬戸焼のこと。今では焼きもの全体を瀬戸物と呼ぶことも。

SHOPPING
05

名古屋自慢の味を食卓に

グルメみやげでおうち名古屋

ちょっとした贈り物に活躍する地元グルメみやげがコチラ。
テッパンの定番品から最近話題のカレーパンまで。どれも名古屋色強めです。

漬物

伝統製法で漬け込む
守口漬のアレンジ商品も！

酒粕の発酵技術を生かした伝統的な漬物

大和屋守口漬総本家 本店
やまとやもりぐちづけそうほんけ ほんてん

木曽川河畔で栽培される守口大根を、塩漬けで2回、酒粕と味醂粕を独自配合した粕で2回以上漬け込んだ守口漬は奥深い味わい。コクのあるチーズ味醂粕漬など、個性豊かな商品が揃う。

🏠名古屋市中区栄3-15-1 ☎052-251-8821 🕙10:00〜18:00 ⊛無休 🚇地下鉄栄駅サカエチカ6番(S6b)出口から徒歩3分

栄 ▶MAP 別P.7 D-2

ワインと
合わせても！

おうちPOINT
おみやげに最適な小さいサイズも豊富。お試しで購入したり、いろいろな漬物をちょっとずつ楽しむのに最適。

細かく刻んだ守口漬生ふりかけ 540円

チーズ味醂粕漬とチーズ味噌粕漬、各1080円。大和屋特製味醂粕とクリームチーズの相性が◎

大和屋自慢の守口漬と奈良漬の定番セット。銀袋1707円

カラフルでレトロなパッケージが魅力のいろどり 17g216円

お茶

茶匠が厳選した茶葉を
独自の技術でブレンド

お茶の香りに癒やされる

お茶を焙じる香りは地下街の名物

妙香園 サンロード店
みょうこうえん サンロードてん

1916(大正5)年に創業した老舗のお茶専門店。全国の産地から吟味した茶葉を、独自にブレンドし販売している。お茶を焙じる芳しい香りが地下街に漂い、思わず吸い寄せられてしまう。

和紅茶なども
大人気！

🏠名古屋市中村区名駅4-7-25 サンロード ☎052-582-2280 🕙10:00〜20:30 ⊛サンロードに準ずる 🚇地下鉄名古屋駅直結

名古屋駅周辺 ▶MAP 別P.8 C-3

おうちPOINT
日常的に味わいたいお茶から、ちょっと贅沢なお茶まで幅広くラインナップしている。

ほうじ茶 テトラティーバッグ 702円(20袋入)

店名を冠した最高級の煎茶妙香。100g 2376円

お茶本来の旨みを生かした名古屋ほうじ茶 鸞(らん)。47.5g1000円

大和屋守口漬総本家の技術を伝承する魚の粕漬け

みりん粕漬

秘伝の技術で漬ける魚

脂のりがよく一番人気の銀だら1080円

脂が乗り、旨みも抜群の白身魚、さわら810円もおすすめ

しっとりとした食感でそのまま食べてもおいしい鮭茶漬1620円

丹波黒豆972円。上品な甘みとやわらかな食感が特徴

🏠 **おうちPOINT**
魚はどれも特製の酒粕がしっかりとついたままなので、店で食べるのと同じ味わい。

「大和屋」の漬ける技を生かした魚介みりん粕漬が並ぶ

個包装パッケージでおみやげに最適！

鈴波 本店
すずなみ ほんてん
>>>P.104

名古屋の老舗駅弁屋が手がける絶品カレーパン

カレーパン

海老タルキーマカレーぱん。501円

地元食材の八丁味噌が隠し味

だし巻きたまご入りキーマカレーぱん。391円

辛さ選べる焼きカレーパン各194円、全6種類

パン生地もおいしい！

スパイスクロワッサン216円。バター×スパイスが◎

ココイチ自慢の特製カレーで作る本気のカレーパン

駅弁屋の技術が詰まった新たな名古屋みやげ

マツウラベーカリー 名鉄店
マツウラベーカリー めいてつてん

「松浦商店」が営むカレーパン専門店。キーマカレーには駅弁「天下とり御飯」と同じ鶏肉を使用。大人から子どもまで愛される人気商品。

🏠名古屋市中村区名駅1-2-1 名鉄百貨店本店 メンズ館B1F ☎052-585-2855 ⏰10:00～20:00 ※名鉄百貨店本店に準ずる 🚃名鉄名古屋駅直結

名古屋駅周辺 ▶MAP 別P.8 C-3

カレーパンとスパイスパンの専門店

SPICE UP! COCOICHI BAKERY
スパイスアップ ココイチベーカリー

ココイチが1年以上かけて開発したカレーパンが並ぶ。定番の揚げカレーパンをはじめ約40種類のカレーパンとスパイスパンがラインナップ。

🏠名古屋市中村区名駅4-7-25 名駅地下街サンロード ☎052-485-8507 ⏰8:00～20:30 ※パンが売り切れ次第終了 🚃サンロードに準ずる 🚃地下鉄名古屋駅直結

名古屋駅周辺 ▶MAP 別P.8 C-3

今や世界中に展開する「カレーハウスCoCo壱番屋」の1号店は名古屋市郊外西枇杷島町（現清須市）。

間違いなしの駅構内みやげ

おみやげのテッパンといえば
定番のお菓子

売れ筋

・坂角総本舗・
ゆかり黄金缶
918円（10枚入り）／天然エビのおいしさを1枚に凝縮。輝く名古屋限定パッケージで🅐🅑

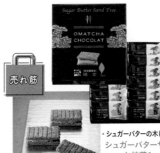

売れ筋

・シュガーバターの木（銀のぶどう）・
シュガーバターサンドの木 お抹茶ショコラ
1274円（12個入）／サクサクの生地で西尾抹茶のショコラをサンド。名古屋地区限定🅐🅑

・東海寿・
小倉トーストラングドシャ
900円（10枚入）／食パンイメージの四角いラングドシャと小倉あん風味のチョコが◎🅐🅑

編集部 おすすめ

・青柳総本家・
カエルまんじゅう
864円（6個入）／無事カエル、福カエルの縁起物！こしあんが入ったおまんじゅう🅐🅑

話題の ニュー フェイス

・ぶどうの木・
ぴよりんかたぬきバウム
594円（1個入）／ぴよりんが優しい卵の甘みにアーモンドが香るバウムクーヘンに！🅐🅑

・松永製菓・
生しるこサンド
1188円（5個入）／しっとりとしたビスケットで北海道産小豆のクリームをサンド🅐🅑

編集部 おすすめ

編集部 おすすめ

・餅文総本店・
ひとくち 生ういろ
1080円（10個入）／一口タイプがうれしい。こしあん・白・抹茶・桜・きなこの5種類🅐🅑

・銀のぶどう・
コメダ珈琲店の 小倉トーストサブレ
1620円（8個入）／かわいいサクサクサブレ。特製小倉あんはチョコレートコーティング🅐🅑

話題の ニュー フェイス

名古屋みやげが集合する駅構内のショップ。一年通しての売れ筋と2023年話題の商品を
キヨスクスタッフに教えてもらいました！編集部おすすめとあわせてチェック！

名古屋の味をお届け 自宅グルメ

編集部おすすめ

生麺に近い
食感の半生麺

・山本屋本店・
**山本屋本店
半生煮込みうどん**

1026円（2食入）／濃
厚なつゆの味わいをそ
のままに。麺は日持ち
を考え半生麺Ⓐ Ⓑ

・さんわコーポレーション・
さんわの手羽煮

売れ筋

1080円（6本入）／とろとろぷ
るぷる食感に仕上げた手羽先。
濃いめで甘辛の名古屋味Ⓐ Ⓑ

編集部おすすめ

・宮商事・
半生きしめん

1296円（3人前）／鰹
風味の醤油つゆに弾力
のあるもっちり麺が好
相性Ⓐ Ⓑ

編集部おすすめ

**味付うずら卵
台湾ラーメン味**

367円（6個入）／味仙
本店が監修。パンチ力
抜群のうずら卵はお酒
のつまみにぴったりⒶ

FOODだけじゃない!! かわいい＆ユニーク雑貨

編集部おすすめ

売れ筋

**ういろお
マスコット**

660円／天空の非公
認キャラクターゆきお。
各地バージョンがあり
名古屋はういろう！Ⓐ

金鯱が光る！
ユニークみやげ

**ぴよりんもちふわ
ぬいぐるみ**

990円／ふわふわもちもち触
感のぬいぐるみ。手の中にすっ
ぽり収まるサイズⒶ

**しゃちほこ
フラッシュキャンディ**

編集部おすすめ

495円／子どもに人気の光る
あめ。食べ終わった後はペンラ
イト的に使用可能（電池の交換
は不可）Ⓐ

購入できるのはコチラ

Ⓐ グランドキヨスク名古屋
グランドキヨスクなごや

名古屋駅最大のギフトショップ。名古
屋定番みやげからご当地弁当、デイリ
ー商品まで幅広く揃う。

🏠 名古屋駅構内 ☎052-562-6151 🕐
6:15～22:00 Ⓗ無休

名古屋駅周辺 ▶MAP 別P.8 C-2

Ⓑ ギフトキヨスク名古屋
ギフトキヨスクなごや

新幹線南改札口近くの大型ギフト専門
店。名古屋を代表する老舗の銘菓や人
気スイーツなどを扱う。

🏠 名古屋駅構内 ☎052-562-6151 🕐
6:30～22:00 Ⓗ無休

名古屋駅周辺 ▶MAP 別P.8 C-2

👀 人気のお弁当や生ものなどは、売り切れていることもあるので注意！

名古屋を代表する繁華街

栄
SAKAE

ファッションやグルメ、カルチャーなどのトレンドを発信する名古屋の中心地。遊べる観光スポットや学べる文化施設、公園が多いのも栄ならでは。深夜まで賑わう歓楽街も健在。

昼も夜も楽しい！

昼：◎ 夜：◎

何でも揃う東海エリア一の繁華街。充実の地下街もお見逃しなく。

📷 SAKAE 01

緑が気持ちいい
繁華街をパトロール

地下鉄栄駅を中心に繁華街が広がる。南北にのびる久屋大通の中央部分には、約2km続く久屋大通公園があるのも魅力のひとつ。

まぶしい新緑や紅葉など四季折々の景色がステキ

二大ランドマークの競演！人気フォトスポット

Hisaya-odori Park
ではショッピングも

シースルーのゴンドラが目印！

SUNSHINE SAKAE
サンシャイン サカエ

栄のランドマーク、観覧車 Sky-Boat がある複合商業施設。レストランやリラクゼーション、アミューズメントもあり、SKE48の活動拠点、SKE48劇場もある。

🏠名古屋市中区錦3-24-4 ☎052-310-2211 ⏰7:00～24:00（店舗により異なる）、Sky-Boat は 12:00～22:00（最終乗車 21:45）㊡不定休 ¥600円 🚇地下鉄栄駅8番出口直結

栄 ▶MAP 別P.7 D-2

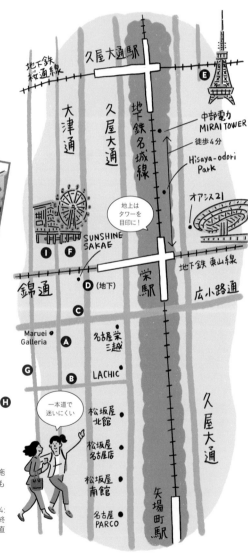

中部電力
MIRAI TOWER
徒歩4分
Hisaya-odori Park

オアシス21

地上はタワーを目印に！

SUNSHINE SAKAE

一本道で迷いにくい

大勢が集う憩いの空間へ イベントも多数開催！

📷🍴 SAKAE ②

栄の新名所
都会のオアシスで憩う

ピクニックができる芝生のゾーンや、木々に囲まれた小径に人気ショップが点在するゾーン、話題店が連なるゾーンなど、使い勝手も抜群！

新たな栄のオアシスでパワーチャージ

Hisaya-odori Park
ヒサヤ・オオドオリ パーク

長い歴史を誇る久屋大通公園。2020年、中部電力MIRAI TOWERを中心に南北約1kmのエリアが整備され、コンセプトの異なる4つのゾーンが登場。

🏠名古屋市中区丸の内3、錦3ほか ☎052-265-5575 ®⑭入園自由 ※飲食・物販店は店舗により異なる ⊗地下鉄栄駅・久屋大通駅からすぐ

栄 ▶MAP 別P.7 D-1

名古屋限定のフロートやモヒート各990円

ZONE 03

ZONE 04

ZONE 02

優雅な午後を過ごして

ZONE 01

イベントが開催されるシバフヒロバや全長80mの水盤を設けたミズベヒロバなどの憩いのエリアに加え、ショップやレストランも充実

© 2023 Peanuts

SNOOPY & PEANUTS GANG TEA PARTY PLAN 1名6050円～

名古屋店限定メニューにも注目

PEANUTS Cafe 名古屋
ピーナッツ カフェ なごや

コミック『PEANUTS』の世界観そのままのカフェ。名古屋でしか味わえないメニューや、公園で楽しめるテイクアウトメニュー、限定グッズも豊富に揃う。

🏠Hisaya-odori Park ZONE2 ☎052-211-9660 ®11:00～22:00(LO 21:00)、土・日曜、祝日は10:00～ ⑭無休 ⊗地下鉄久屋大通駅2A出口からすぐ

栄 ▶MAP 別P.7 D-1

三河の食材をふんだんに

ZONE 02

日本酒サーバーで提供される蔵元直送のCRAFT SAKEや肴5種盛り合わせ1210円がおすすめ

自家製糀を使ったヘルシー料理を満喫

糀 MARUTANI
こうじマルタニ

愛知県を代表する蔵元「関谷醸造」が母体。併設の麹室で、4日間かけて仕込む糀を使ったヘルシーな料理や甘酒が女性に評判。

🏠Hisaya-odori Park ZONE2 ☎052-211-9200 ®11:00～15:00、17:00～22:00(LO フード 21:00、ドリンク21:30)※金・土曜、祝前日のディナーは～23:00(LO フード 22:00、ドリンク22:30) ⑭無休 ⊗地下鉄久屋大通駅3A出口から徒歩2分

栄 ▶MAP 別P.7 D-1

栄エリアは、セントラルパーク、サカエチカ、森の地下街と、レストランやカフェ、ショップが連なる地下街が充実。

栄

中部電力MIRAI TOWERとのコラボレーション

📷 SAKAE 03

"水の宇宙船"から
名古屋絶景を望む

水の宇宙船は、空中に浮かぶガラスの大屋根。屋根には水が流れ、1周約200mの空中回路が囲む。絶景とともに空中散歩を楽しんで。

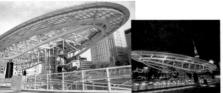

四季折々のライトアップを開催。夜は幻想的な雰囲気に

📷🍴 SAKAE 04

元百貨店が
複合商業施設に
生まれ変わる

1943(昭和18)年に創業し、2018年、惜しまれながら閉業した丸栄百貨店の跡地に誕生。話題のショップやレストランをチェック！

緑と水に癒やされる憩いの空間へ

オアシス21
オアシスにじゅういち

最上階の水の宇宙船、地上階の緑の大地、1階のバスターミナル、地下階の銀河の広場、レストラン＆ショップからなる複合施設。水の宇宙船をはじめ、施設内にはフォトジェニックなスポットが満載。

🏠名古屋市東区東桜1-11-1 ☎052-962-1011 ⏰店舗・施設により異なる（水の宇宙船は10:00〜21:00）🈳無休（年2回臨時休業あり）🚇地下鉄栄駅東改札口からすぐ

栄 ▶MAP 別P.7 E-1

名古屋・栄エリア初出店店舗も

Maruei Galleria
マルエイ ガレリア

2022年に誕生した地上3階建ての商業施設。暮らしと食をテーマに個性あふれる30以上のショップやレストランが集まる。建物北西側には目立つ大型LEDビジョンがあるので、待ち合わせ場所にも活躍しそう。

🏠名古屋市中区栄3-3-1 ☎なし ⏰10:00〜21:00（3Fは11:00〜23:00）※店舗により異なる 🈳不定休 🚇地下鉄栄駅サカエチカ8番(S8)出口からすぐ

栄 ▶MAP 別P.7 D-2

FLOOR 01
THE KITCHEN WONDER

ビタミンビュッフェ(70分)1980円や渡邊明シェフのシグネチャーメニュー、丸ごとトマトのアラビアータ1800円がイチオシ！

キュートな手作りおはぎ

ohagi3 FLAGSHIP SAKAE
オハギさん フラッグシップ サカエ

添加物を一切使用せず、一つひとつ手作りするおはぎが店頭にずらり。どれも小ぶりサイズで食べやすいものばかり。小豆の風味豊かなつぶあんおはぎ「暁月」など、種類も豊富で手みやげにも最適。

🏠マルエイガレリア1F ☎052-243-0893 ⏰10:00〜21:00

FLOOR 01

明るくおしゃれな空間

季節で内容が変わるげんこおこわセット1050円

栄限定！ランチにぴったり

体と心が喜ぶ絶品イタリアン

KW THE KITCHEN WONDERLAND
ケイダブリュ ザ キッチン ワンダーランド

畑の伝道師、渡邊明シェフがプロデュースするヘルシーな「ビタミン・ビュッフェ」が人気。新鮮な地元野菜やスイーツが存分に味わえる。

🏠マルエイガレリア1F ☎052-253-7720 ⏰11:00〜21:30（LO21:00)、カフェは10:00〜

🛒 SAKAE 05

栄二大デパートでおみやげ探し

栄を訪れたら外せないのが名古屋栄三越と松坂屋名古屋店。
地下フロアにはおみやげにぴったりのスイーツやグルメが集結！

愛知県限定で
小倉餡テイストに

ホレンディッシェ・カカオシュトゥーベの
名古屋ミルフィーユ

1296円

サクサクのパイ生地と
チョコレートが西尾抹
茶のクリームにマッチ

ガトーフェスタ ハラダの
ティグレス 小倉餡／化粧箱小

1782円（6個入り）

小豆入りの生地と小倉
餡をバニラが引き立て
る。和洋折衷の味わい

大口屋の
名古屋金鯱

1080円（5個入り）

大納言小豆のつぶあん
を金鯱の焼印と金粉を
あしらった生地で挟む

小布施堂の
栗あん最中 鯱

1188円

鯱型の最中種に風味
豊かな栗あんをたっぷ
りとつけて召し上がれ

八byPRESS BUTTER SANDの
きな粉あずき

1188円（4個入り）

きな粉が香るサクほろ
食感のクッキーの中に
は小豆バタークリーム

黒船の
シフォンカステラ あんバターQ

1個464円

十勝産小豆を使用したつぶあん
とバタークリームが詰まったふわ
ふわのシフォンカステラ

BABBIの
ワッフェリーニ ピスタチオ

2430円

ピスタチオフレーバー
が楽しめるBABBIの
定番ウエハース

あつた蓬莱軒の
うなぎまぶし のり巻き

2600円

秘伝のタレが染み込ん
だうなぎが入る贅沢
なのり巻き。数量限定

アクセス抜群の立地もうれしい
名古屋栄三越
なごやさかえみつこし

栄駅からすぐ、栄の中心エリアに立つ。地下1階には、手
みやげにぴったりな惣菜や多彩な惣菜やグロサリー
までが揃う。名古屋、東海エリアの人気店が多数入店。

🏠 名古屋市中区栄3-5-1
☎ 052-252-1111 🈺不定休
10:00〜20:00 🈺不定休
🚇地下鉄栄駅16番出口
直結

栄

▶MAP 別P.7 D-2

名古屋を代表する老舗百貨店
松坂屋名古屋店
まつざかやなごやてん

本館、南館、北館の3館が久屋大通沿いに並ぶ。本館の地
下1階にある食品フロアごちそうパラダイスには名古屋の
老舗から話題の新店までが一堂に。なごやめしも充実。

🏠 名古屋市中区栄3-16-1
☎ 052-251-1111 🈺10:00
〜20:00 ※店舗により異
なる 🈺不定休 🚇地下鉄
矢場町駅5・6番出口直結

栄

▶MAP 別P.7 D-3

🍴 SAKAE 06

栄ランチも
名古屋グルメに決まり！

名古屋随一の繁華街のため、ランチスポットも
豊富。数ある中から、地元民にも愛されている
名古屋といえば！の人気店をセレクト！

甘辛で濃厚な豆味噌の
味わいにご飯が進む！

味噌カツ

エビフライに特製味
噌ダレを絡めた味噌
エビ丼2100円

魚の粕漬

脂がのった魚の切り身と
ほんのり甘いみりん粕の競演

全ての素材にこだわっ
た鈴波定食1650円。
写真の粕漬は白ひらす

厚切りのカツがどっ
さりのった元祖味噌
カツ丼1600円

味噌カツ丼発祥の店で元祖の味を

Ⓐ味処 叶
あじどころ かのう

創業は1949（昭和24）年。名古屋で初
めて味噌カツ丼を提供した店として知
られる。甘辛で濃厚な豆味噌ダレが染
み込んだ分厚いカツと半熟卵、ご飯と
の組み合わせがたまらない。

♠名古屋市中区栄3-4-110 **☎**052-241-
3471 **🕐**11:00～14:30、17:00～20:30
㉁不定休（詳細は公式サイトを確認）**Ⓜ**
地下鉄栄駅サカエチカ8番出口から徒
歩2分

栄 **▶MAP 別P.7 D-2**

栄の路地裏に佇む。創業時か
ら変わらぬ懐かしい雰囲気

行列必至の粕漬魚ランチは必食！

Ⓑ鈴波 本店
すずなみ ほんてん

国内外から厳選した魚を酒粕とみりん粕で漬け込んだ粕
漬は、魚が苦手な人でも食べられると評判。日替わりの
粕漬が付く鈴波定食は平日でも行列ができるほど人気。

♠名古屋市中区栄3-7-23 **☎**052-261-1300 **🕐**11:00～
14:30(LO)、物販は11:00～18:00 **㉁**無休 **Ⓜ**地下鉄栄駅サ
カエチカ8番出口から徒歩3分

栄 **▶MAP 別P.7 D-2**

創業90年超えの老舗鰻卸問屋直営

Ⓒうなぎ四代目菊川 栄店
うなぎよんだいめきくかわ さかえてん

贅沢にうなぎを丸ごと1本食べられる
「一本うなぎ」が名物。うなぎは備長炭
を使い、蒸さずに地焼きのみ。皮はパ
リッと身はふわっとした仕上がりに。
口の中では脂がとろける。

♠名古屋市中区錦3-24-17 BINO栄5F
☎052-962-9991 **🕐**11:00～15:00(LO
14:00)、17:00～22:00(LO21:00) **㉁**火曜
（祝日の場合は翌平日）**Ⓜ**地下鉄栄駅サ
カエチカ10番（S10b）出口直結

栄 **▶MAP 別P.7 D-2**

鰻

厳選うなぎが丸ごと1本！
パリッ、ふわ、とろっの食感を

a 一本ひつまぶし50
60円 b 一本重4950
円

名古屋発の手作りおはぎ専門店
ギルトフリーなおやつを召し上がれ

名古屋自慢の
スイーツをいただきます！

ティータイムやちょっとひと休みをするなら名古屋発ショップのスイーツや名古屋らしいメニューを選びたい。

老舗茶舗「妙香園」が手がける
気軽なテイクアウト

左からほうじ茶ラテ518円、和紅茶フルーツティー540円、抹茶ラテ540円

おはぎとドリンクでほっこり

ohagi3
FLAGSHIP SAKAE
オハギサン フラッグシップ サカエ

アートやインテリアがおしゃれ。ひとりでも利用しやすい雰囲気

おはぎは小ぶりサイズなので、いろいろな種類が楽しめるのもうれしい。オーガニックドリンクもチェックして。

>>>P.102

オーガニックの抹茶ラテまたはほうじ茶ラテが付く定番おはぎセット830円

店頭から漂うお茶の香りに誘われて

⒟ MYOKOEN TEA STORE
ミョウコウエン ティー ストア

「若い世代にも気軽に日本茶を楽しんでほしい」と2020年にオープン。一晩水出しして雑味を抑えた和紅茶フルーツティーや、一杯ずつ茶筅で点てる抹茶ラテなどのドリンクが充実。

🏠名古屋市中区栄3-4-6先サカエチカ
☎052-951-2280 ⏰10:00〜20:00 (LO
19:00)、🈳無休 🚇地下鉄栄駅直結

栄 ▶MAP 別P.7 D-2

抹茶やほうじ茶のフィナンシェなど、お茶スイーツの販売も

抹茶ソフトクリーム486円

COEのホンジュラス550円。ポットで提供されたっぷり2杯分

金箔付き金しゃち珈琲ぜんざい605円。しゃちブレンドを使用

お客さんにより添ったコーヒーを！

スペシャルティコーヒー専門店

⒠ 加藤珈琲店
かとうこーひーてん

カップオブエクセレンス含め、世界各地から厳選したコーヒー豆を取り扱う。入れ替えながら常時20種類ほどを揃え、格別な一杯が味わえる。円相場により金額変動するテイクアウトコーヒーも！

🏠名古屋市東区東桜1-3-2 ☎052-951-7676 ⏰8:00〜16:00 🈳水曜(5・15・25日が水曜の場合は翌日) 🚇地下鉄久屋大通駅3A出口から徒歩2分

栄 ▶MAP 別P.7 E-1

🌱 カップオブエクセレンス (COE) とは、生産国で毎年行われる厳しい品評会で、最高品質と認定されたコーヒー豆に与えられる名誉ある称号。

SAKAE 08

“錦三”でにぎわう レトロな横丁で乾杯♪

名古屋を代表する夜の繁華街「錦三」に新名所が登場。旨い食と酒、大道芸人のパフォーマンスも楽しめる横丁でノスタルジックな気分に浸ろう。

派手なネオンなどで昭和の雰囲気を再現。すべての店で2階席から横丁の風景が望める

昭和にタイムトリップ気分でハシゴ酒

Ⓕほぼ栄駅一番出口 のれん街

ほぼさかええきいちばんでぐちのれんがい

錦三でにぎわう飲み食い提灯横丁。昭和の街並みをモチーフにしたビル内の全長70mの通路に、個性豊かな11の飲食店が集合。名古屋名物の手羽先やアジア料理の屋台など、ハシゴ酒が楽しめる。

名古屋市中区錦3-17-5 EXIT NISHIKI ☎営休 店舗により異なる 交地下鉄栄駅1番出口からすぐ

栄

▶MAP 別P.7 D-2

辛さは3段階からお好みで

旨辛な味付けがクセになる親鶏煮込み759円

単品で頼むより超お得！

食べ比べが楽しい寿司全部盛り858円

ドリンク類はロゴ入りのオリジナルグラスで提供

揚げずに焼くからヘルシー

パリっと香ばしいかちてば1本97円

希少部位を集めた焼肉おまかせ盛り1188円

ビッグな唐揚げが14個も！

特大サイズのロッキー唐揚げ1099円

マグロを多彩な調理法で存分に味わう

まぐろ専門酒場 マグロ大使

まぐろせんもんさかば マグロたいし

マグロのさまざまな部位にこだわり刺身、寿司、焼き、揚げなど各部位に適した調理法で最大限味を引き出した料理が揃う。看板メニューはマグロを肉に見立てたマグロ焼肉。

☎052-253-6732 営17:00～翌3:00 休不定休

味＆コスパ抜群の映えメニューが魅力

日本栄光酒場 ロッキーカナイ

にほんえいこうさかば ロッキーカナイ

東京、名古屋、沖縄に展開する多国籍料理の大衆肉酒場。馬肉のレッドカーペットなど個性的なメニューを、気前よく豪快に盛り付けて提供。昼から気取らずに飲めて気軽に酔える。

☎052-253-5273 営15:00～翌3:00、土・日曜は13:00～ 休無休

わんこそばならぬわんこ手羽に挑戦

わんこ手羽と親鳥のお店 かちてば

わんこてばとおやどりのおみせ かちてば

歯応えと旨みが特徴の三重県産錦爽どりを使用。ストップをかけるまで提供され続けるわんこそばスタイルのわんこ手羽先と、親鶏のコク深い味を生かした親鶏煮込みが二大名物。

☎052-265-5668 営16:00～翌1:00、金曜、祝前日は～翌5:00、土曜は15:00～翌5:00、日曜、祝日は15:00～翌1:00 休無休

🍴 SAKAE ⑨

なごやめしが集合する居酒屋も見逃せません

老若男女に人気のなごやめし。どれもお酒との相性が抜群で大人の
お楽しみタイムを盛り上げてくれる。飲みすぎにはくれぐれも注意！

オリジナル味噌タレが味の決め手

濃厚な味噌タレがビールに合う!!

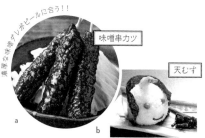

味噌串カツ

天むす

どて煮

鶏ちゃん

a

b

c

手羽先

a名古屋流の鶏ちゃん
焼き1780円 b和牛ホル
モンのどて煮880
円 c白醤油が隠し味の
ひつまぶし d名古屋
コーチンのひきずり鍋

ひつまぶし

c

名古屋コーチン

a味噌串かつ1本198
円 b名古屋市公式マ
スコット「はち丸」をイ
メージした天むす1個
308円 c手羽先唐揚げ
3本495円 d長時間煮
込む味噌おでん5種
盛り825円

味噌おでん

d

d

名古屋名物が一堂に会する老舗居酒屋

Ⓖ伍味酉 栄本店
ごみとり さかえほんてん

手羽先、味噌おでん、どて煮、エビフライといった人気
なごやめしのほとんどが揃う。代々受け継がれたタレ、
ダシ、味噌を使い、伍味酉ならではの味に仕上げている。

🏠名古屋市中区栄3-9-13 ☎052-
241-0041 🕐17:00〜翌5:00 ㊡無休
🚇地下鉄栄駅サカエチカ8番出口か
ら徒歩4分

栄 ▶MAP 別P.6 C-2

地元の山海の幸を思う存分堪能できる

Ⓗ創作名古屋めし まかまか本店
そうさくなごやめし まかまかほんてん

なごやめしのほか、岐阜名物のけいちゃん焼き、篠島直
送のしらすなど、東海エリアのグルメが幅広く味わえる。
味の異なる「金の手羽先」「銀の手羽先」も人気。

🏠名古屋市中区栄3-11-13 GK ビル
2F ☎052-249-5526 🕐17:00〜24:
00(LO23:30) ㊡月曜 🚇地下鉄栄駅
サカエチカ8番出口から徒歩7分

栄 ▶MAP 別P.6 C-2

🍴 SAKAE ⑩

カレーうどんで〆るが名古屋流です

鶏ガラダシのクリーミーな名古屋カレーうどん。
スパイシーながらお酒を入れた胃にも優しい不
思議な一杯。ぜひ試してみて！

飲んだあとは
これだがね！

豊かな風味
で食欲増進。
ご飯をプラス
するつわもの
も！

夜の街・錦で深夜まで営業する名物店

Ⓘうどん錦
うどんにしき

名古屋随一の繁華街にあり、夜が深く
なるほどにぎわいを増すうどん店。
飲んだあとの〆に訪れるお客さんが多
く、9割以上が数あるメニューの中で
カレーうどんを注文する。

>>>P.45

名古屋駅周辺
NAGOYAEKI

駅なかも大充実

昼：◎　夜：◎

地元の人たちに"名駅"と呼ばれ親しまれる名古屋駅周辺はレストランやショップが充実する人気エリアだ。2027年に開業予定のリニア中央新幹線のために、再開発が進行中！さらに進化する名駅から目が離せない。

移動以外にも、買い物やグルメと、数ある地下街を効率よく利用して。

📷 **NAGOYAEKI 01**

名駅はビル＆地下街の CHECKがキモです

名駅の数ある魅力のひとつが使い勝手抜群の地下街！何でも揃い、周辺の主要高層ビルにも直結。地上に出ずとも名駅が楽しめる。

🐾 WHERE IS

観光案内所

名古屋駅桜通口手前に名古屋市名古屋駅観光案内所がある。公共交通機関の使い方や観光名所、旬のイベントなどをチェックしよう。

🏠 JR名古屋駅中央コンコース内　⏰ 8:30〜19:00　休 無休（詳細は公式サイトを確認）

名古屋駅周辺　▶MAP 別P.14 上

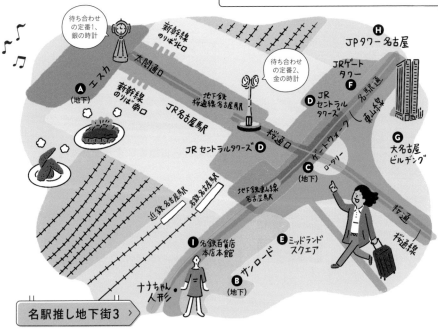

待ち合わせの定番1、銀の時計

新幹線のりば中央口

太閤通口

新幹線のりば帯口

Ⓐ（地下）

エスカ

地下鉄桜通線名古屋駅

JR名古屋駅

待ち合わせの定番2、金の時計

JRセントラルタワーズ　Ⓓ

桜通口

ゲートウォーク

ロータリー

（地下）

Ⓗ JPタワー名古屋

JRゲートタワー　Ⓕ

名駅通

Ⓓ JRセントラルタワーズ

東山線

Ⓖ 大名古屋ビルヂング

桜通

桜通線

地下鉄東山線名古屋駅

近鉄名古屋駅

近鉄名古屋駅

Ⓘ 名鉄百貨店本店本館

ナナちゃん人形

Ⓔ ミッドランドスクエア

サンロード

（地下）

名駅推し地下街3 ▶

Ⓐ エスカ

新幹線改札からすぐ。約75店舗が揃い、名古屋定番グルメやみやげが豊富。

🏠 中村区椿町6-9先　☎ 052-452-1181　⏰ 10:00〜20:30 ※店舗により異なる　休 2月第3木曜、9月第2木曜　各線名古屋駅太閤通口からすぐ

名古屋駅周辺　▶MAP 別P.8 B-2

Ⓑ サンロード

1957（昭和32）年、地下鉄東山線開通とともに開業。主要ビルにも直結する。

🏠 中村区名駅4-7-25先　☎ 052-586-0788　⏰ 10:00〜20:30 ※店舗により異なる　休 2・9月に不定休あり　各線名古屋駅桜通口から徒歩2分、地下鉄名古屋駅直結

名古屋駅周辺　▶MAP 別P.8 C-3

Ⓒ ゲートウォーク

旧称は「テルミナ」。JRセントラルタワーズとJRゲートタワーの地下に広がる。

🏠 中村区名駅1-1-2　☎ 052-586-7999　⏰ 10:00〜21:00 ※店舗により異なる　休 無休　各線名古屋駅桜通口から徒歩すぐ、地下鉄名古屋駅直結

名古屋駅周辺　▶MAP 別P.8 C-2

名駅推しビル6 ＞

D JRセントラルタワーズ
ジェイアールセントラルタワーズ

JR名古屋駅に直結する2つのタワー。百貨店やホテルのほか、大充実のレストランフロアも魅力。
🏠名古屋市中村区名駅1-1-4 ☎052-586-7999 🕐店舗により異なる 🚃JR名古屋駅直結

`名古屋駅周辺` ▶MAP 別P.8 C-2

E ミッドランドスクエア

東海地方No.1の高さ

海外有名ブランドも充実し、ラグジュアリーな雰囲気。展望台、シネコンもあり、デートスポットとしても。
🏠名古屋市中村区名駅4-7-1 ☎052-527-8877 🕐店舗により異なる 🚃各線名古屋駅通口から徒歩2分

`名古屋駅周辺` ▶MAP 別P.9 D-3

F JRゲートタワー
ジェイアールゲートタワー

レストランフロアなど、JRセントラルタワーズと直結。ビックカメラやユニクロ・GUなども入る。
🏠名古屋市中村区名駅1-1-3 ☎052-586-7999 🕐店舗により異なる 🚃JR名古屋駅直結

`名古屋駅周辺` ▶MAP 別P.8 C-2

G 大名古屋ビルヂング
だいなごやビルヂング

旧ビルの意匠が館内に残る

築50年を経て2016年に新しく生まれ変わった。上質なショップからグルメまで、幅広い店舗ラインナップ。
🏠名古屋市中村区名駅3-28-12 ☎052-569-2604 🕐店舗により異なる 🚃各線名古屋駅桜通口からすぐ

`名古屋駅周辺` ▶MAP 別P.8 C-2

H JPタワー名古屋
ジェイピータワーなごや

郵便局が入る複合ビル。地下1階から3階の商業施設「KITTE名古屋」には人気レストランが集合。
🏠名古屋市中村区名駅1-1-1 ☎052-589-8511（KITTE名古屋サービスセンター）🕐店舗により異なる 🚃各線名古屋駅桜通口からすぐ

`名古屋駅周辺` ▶MAP 別P.8 C-2

I 名鉄百貨店 本店
めいてつひゃっかてん ほんてん

名鉄名古屋駅上にある百貨店。名鉄バスセンターも入るメンズ館を併設。メンズ館前にはナナちゃん！
🏠名古屋市中村区名駅1-2-1 ☎052-585-1111 🕐店舗により異なる 🈺不定休 🚃各線名古屋駅広小路口からすぐ、名鉄名古屋駅直結

`名古屋駅周辺` ▶MAP 別P.8 C-3

名駅の待ち合わせスポット

着せ替えナナちゃんは大人気！

📷 🛍 NAGOYAEKI 02

名駅のアイドル
ナナちゃんに会いに

身長610cmの巨大マネキン、ナナちゃん。広報部員として活躍し、季節やイベントにちなんだファッションで楽しませてくれる。

名鉄百貨店 本店 >>>P.109

名鉄百貨店 本店 >>>P.109

名鉄百貨店本店 本館B1F

名鉄百貨店限定！名古屋銘菓もナナちゃんパッケージ！

青柳総本家の
青柳ういろう
ナナちゃんBOX `1102円`

坂角総本舖の
ゆかり詰合せ箱
ナナちゃん `1383円`

🐾ナナちゃんは、1973（昭和48）年4月28日生まれ。2023年で50歳に！

食べ忘れない？
駆け込みなごやめし ♪ ♫

名駅構内はもちろん、周辺のビルや地下にはおなじみのなごやめしが堪能できるお店が点在。食べ忘れた！なんてときに大活躍！

ご飯が進んで困っちゃう

食感と味噌ダレがたまらない。1280円（単品は880円）

味噌とんちゃん定食

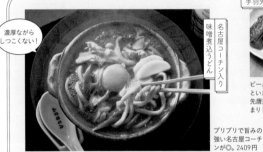

濃厚ながらしつこくない！

味噌煮込うどん 名古屋コーチン入り

手羽先唐揚げ

ビールのお供といえば手羽先唐揚げに決まり！590円

プリプリで旨みの強い名古屋コーチンが◎。2409円

人気の老舗味噌煮込専門店
山本屋本店 エスカ店
やまもとやほんてん エスカてん

熟練の職人が仕上げる生麺、ダシ、味噌がオリジナル土鍋の中で見事に調和。唯一無二の味わいを生み出している。エスカ内の別の場所におみやげ専門店もあるのでチェックして。

☎ 052-452-1889　⏰ 10:00～22:00（LO 21:30）㊡エスカに準ずる

名古屋駅周辺 ▶ MAP 別 P.8 B-2

味噌とんちゃん×ご飯が旨い！
やぶ屋食堂 エスカ店
やぶやしょくどう エスカてん

名古屋発の居酒屋「やぶ屋」の新業態。名物味噌とんちゃんや知多牛のメニューを熱々の鉄板にのせ、定食スタイルで提供。晩酌セットやおつまみも充実するのでちょい飲みも。

☎ 052-452-7828　⏰ 11:00～22:00　㊡エスカに準ずる

名古屋駅周辺 ▶ MAP 別 P.8 B-2

地下街へGO!
エスカ
>>>P.108

職人技が光るふわトロ感！

特撰名古屋コーチン親子丼

全国丼グランプリ金賞を7度受賞した逸品。1980円

鶏料理専門店の絶品親子丼を
鳥開総本家
名駅エスカ店
とりかいそうほんけ めいえきエスカてん

名古屋コーチンの卵3個とモモ肉を使う濃厚な味わいの親子丼が看板メニュー。品種部位が異なる鶏肉を使用しているので、旨みや食感を食べ比べるのも楽しい。

☎ 052-454-3350　⏰ 11:00～22:00（LO 21:00）㊡エスカに準ずる

名古屋駅周辺 ▶ MAP 別 P.8 B-2

決め手はどて味噌！

海老どて串盛り

海老串4本、野菜串4本、海老どてソース（卵入り）1628円。別途追加も可能

新名古屋名物!?
どて×エビフライ
海老どて食堂
エスカ店
えびどてしょくどう エスカてん

エビグルメが充実。注目は、揚げたてのエビフライを秘伝のどて味噌にディップして味わう「海老どて」。

>>>P.42

ふわふわでと
ろとろ。デリ
ケートなので
持ち運び厳重
注意！

> ぴよりんセット

ぴよりんシュガー
付き980円。ドリ
ンク＋ぴよりん

> ぴよりん

持ち帰るならぴよりんチャレンジ！

ぴよりんSTATION
カフェジャンシアーヌ

ぴよりんステーション　カフェジャンシアーヌ

愛くるしいビジュアルで大人気のぴ
よりんメニューが楽しめる。ぴより
んは、名古屋コーチンを贅沢に使っ
たひよこ形のプリン。季節や期間限
定で登場するぴよりんも見逃せない。

☎052-533-6001 🕖7:00～22:00(LO
21:30) ㊡無休

名古屋駅 ▶MAP 別P.8 C-2

> 熱々
> 鉄板スパ

> ナポリタン

レギュラーサイ
ズ1070円。玉子と
絡めて味わおう

> ミラカン

レギュラーサイ
ズ990円。野菜
とウインナーが
どっさり

駅構内へGO!

中央コンコース　＆
名古屋うまいもん通り

JR名古屋駅改札外一帯にはグルメ街や
待ち合わせにぴったりなカフェが充実。

家族で食べたいあんかけスパ

スパゲティハウスチャオ
JR名古屋駅太閤通口店

スパゲティハウスチャオ

ジェイアールなごやえきたいこうどおりぐちてん

あんかけスパ専門店。オリジナル
ソースは、2日間かけて煮込んで整
え、さらに数日間熟成させるなどこ
だわりが凝縮。風味豊かで子どもで
も食べられる優しい辛さに。

☎052-571-8625 🕚11:00～23:00
(LO22:00) ㊡無休

名古屋駅 ▶MAP 別P.8 C-3

新名物が続々誕生する老舗

青柳総本家
KITTE名古屋店

あおやぎそうほんけ キッテなごやてん

1879(明治12)年創業の和菓子店。銘菓の青柳ういろう
やひとくち生ういろう、焼き菓子などを販売。店舗限定
の甘味やお茶が楽しめるスペースを併設する。

☎052-433-8112 🕙10:00～20:00（飲食は11:00～18:00）
㊡無休

名古屋駅周辺 ▶MAP 別P.8 C-2

> カエル
> バージョン

> 青柳ういろう
> ひとくち

ういろう

しろ・くろ・抹茶・上がり・さ
くらの5種入り。497円

> ケロトッツォ

クリームチーズ＆レモン350円
とラムレーズン＆くるみ360円

ビルへGO!

JPタワー名古屋
>>>P.109

> KITTE
> 名古屋
> 1F

🛒 **NAGOYA-EKI ❹**

名店名品揃い！
ジェイアール名古屋タカシマヤ
で名古屋みやげを探そう

全国的名店だけでなく、名古屋や東海エリアの名店も充実するデパ地下へ。
ここでしか購入できない限定品が多いのも魅力。

アクセス
抜群の
好立地

名古屋のトレンドが集合！
ジェイアール名古屋
タカシマヤ
ジェイアールなごやタカシマヤ

🏠名古屋市中村区名駅1-1-4 ☎052-
566-1101 🕙10:00〜20:00 ※一部店
舗により異なる 🈺不定休 🚃JR名古
屋駅直結

名古屋駅周辺 ▶MAP 別P.8 C-2

お菓子なら　名古屋駅コンコース直結の1階デリシャス
コートと人気のデパ地下（地下1階）へ。

キュベットの
ミルフィーユ
名古屋限定セット

ジェイアール名古屋
タカシマヤ限定

B1F

1188円
(1箱10個入り)

名古屋限定「小倉バター風味」と定番のバニ
ラ、キャラメルなどの
セット。一口サイズ！

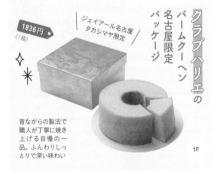

クラブハリエの
バームクーヘン
名古屋限定
パッケージ

1836円
(1箱)

ジェイアール名古屋
タカシマヤ限定

1F

昔ながらの製法で
職人が丁寧に焼き
上げる自慢の一
品。ふんわりしっ
とりで深い味わい

メゾン・デュ・ミエルの
シトロンバターサンド

名古屋で人気の
パティスリー

1944円
(1箱4個入り)

B1F

北海道バターとレモン
クリームがマッチ。自
家製瀬戸内レモンコン
フィがアクセントに

クッピーラムネで知ら
れる老舗が手がける。
ほどけるような口溶け
の生ラムネ

810円
(1箱40g入り)

※3個セット
スリーブ付き
は2700円

ジェイアール名古屋
タカシマヤ限定

1F

THE
RAMUNE
LOVERS

ザ・ラムネラバーズの
生ラムネ

豆福の
豆でなも

金鯱パッケージの中に
金に輝く小袋が！

648円
(1袋6個入り)

名古屋で愛される味
「えびしおアーモンド」
「八丁味噌カシュー」
の2種類

B1F

坂角総本舗の
金のえび天

国産米油で揚げ、
サクサク軽い仕
上がり。愛知県産
天然エビの旨みと
甘みが広がる

ご当地の素材を使った
海鮮煎餅シリーズ

B1F

864円
(1袋14枚入り)

112

お弁当なら

2020年の開業20周年を機に、食品売場は大幅リニューアル。
お弁当に加え、多彩に揃う惣菜も要チェック！

目と舌で楽しめる老舗の美味が一堂に　B1F

1836円

名料亭の味わいを一箱に凝縮

B1F

料亭 つたもの 那古野

地元の名士に愛されてきた料亭の味が楽しめる。2種類のご飯に肉、魚のおかず、煮物に揚げ物とバランスのよさもうれしい

八百彦本店の味重ね

1188円

創業亨保年間、名古屋城下で300有余年の歴史を重ねる老舗の仕出し料理店。季節の素材を彩りよく仕上げた伝統の味を盛り合わせる

しら河の うなぎまぶし

うなぎがびっしり贅沢な弁当　B1F

うなぎは蒸さずに焼くため皮はパリッと身はふんわり。自慢のタレも旨みを引き立てる

2916円

みそかつ 矢場とんの 特選ロースとんかつ弁当

なごやめしの代表格　B1F

カリッとジューシーなロースとんかつに、秘伝の味噌ダレをたっぷりかけて楽しみたい

1311円

限定品なら

全国展開する人気店にも名古屋店限定
アイテムが！ご当地アイテムをゲットしよう。

本格的な味わいが簡単に実現

茅乃舎
かやのや
B1F

茅乃舎だしをはじめ、毎日の料理がおいしく豊かになる、手間暇かけて作った調味料や食品が揃う。

843円

赤味噌だれ
野菜や豆腐にかけたり、炒め物にそのまま使えたりと重宝する

2268円

かさねだし
ムロアジ節、枯れサバ節、うるめいわし節、宗田鰹節を使用。旨みが強い

702円

名古屋限定
味噌煮込みうどんのだしとつゆ
豆味噌の濃い味わいとそれに負けない力強い旨みのダシにハマる

てぬぐいや和雑貨を扱うてぬぐい専門店

かまわぬ
11F

古典からモダンなオリジナル柄まで豊富。季節限定や直営店オリジナルのてぬぐいはおみやげにぴったり。

ターミナル青ぼかし
名古屋に集まる乗り物と切り継いだ小紋柄で賑やかな街を表現

1430円

名古屋ふきん
名古屋らしいモチーフをちりばめた綿100%、蚊帳生地のふきん
11F
550円

日常に寄り添う機能的で美しいアイテム

遊 中川
ゆう なかがわ

"日本の布ぬの"がコンセプトのショップ。奈良県で創業し、300年の歴史を持つ老舗。

コチラもおすすめ　B2F

和洋酒売場もお忘れなく
愛知県産の日本酒や地ビールも豊富で見逃せないラインナップ。名古屋市緑区から世界へ発信する日本酒、醸し人九平次（かもしびとくへいじ）も。

世界から注目を集める純米大吟醸の醸し人九平次。山田錦が持つポテンシャルを最大に引き出した気品あふれる味わい。

🛒 **NAGOYA-EKI 05**

まるでギャラリーな空間で ココだけのおみやげを

2022年12月にオープンした新しいスタイルの
おみやげ屋。一品ずつ美しくディスプレイされ、
思わず手に取りたくなる品ばかり。

地域色豊かなワンランク上のおみやげを

名鉄商店
めいてつしょうてん

"地域を食べる、地域をアゲる、地域へ還す。"をコンセプトに、
名鉄電車が走る愛知・岐阜の店とコラボしたみやげ品を揃える。
味だけでなく、デザインもこだわる商品が多数。

⌂ 名古屋市中村区名駅1-2-4 名鉄百貨店本店 メンズ館 1F ☎
052-414-6301 ⏰ 10:00〜20:00 ㊡名鉄百貨店本店に準ずる
🚃 名鉄名古屋駅から徒歩2分

名古屋駅周辺 ▶ MAP 別 P.8 C-3

愛知県岡崎市
で営む老舗、まる
や八丁味噌の極み赤味噌。
1個1350円

花鳥風月

3400円

素材を重ね合わせ絵画のような美しさに

オンラインのみで販売のバターサンド専門店「積奏（せきそう）」とのコラボ

えいこく婦人の優雅なお茶会

ツーランク上の紅茶と
地元素材使用の
ドライフルーツ

4800円

覚王山の紅茶屋「えいこく屋」とコラボ。愛知県豊田市の桃も使われている

---

neko sisters（ミルクジャム3姉妹）

3300円

ネコのイラストにも萌えるキュートな3種のミルクジャム

低温殺菌で製造した東海地方の牛乳を使ったミルクジャム。3種の詰め合わせ

FROZEN NANA CHAN【グミ】

500円

売り切れ必至!?
ナナちゃんが冷凍グミに!

愛知県豊山町の和菓子店、秀清堂が作るナナちゃん人形形の冷凍グミ。伸びるナナちゃんにも注目

八百屋の作る本気の赤いフルーツサンド

480円〜（果物により異なる）

人気スーパーの名物が
名鉄カラーで登場!

青果に強いローカルスーパー・ダイワスーパーが作るフルーツサンド。名鉄カラーの赤色に!

📷 **NAGOYA-EKI 06**

東海エリア一高いビルから
名古屋の街を見下ろす

昼も夜も
訪れたい

2023年4月にリニューアルし、居心地のいいくつろぎのエリアが3つ新設された。リラックスしながら目の前に広がる360度の絶景を満喫しよう！

名古屋VIEWを360度楽しめる

スカイプロムナード

ミッドランドスクエアの最上階部分、地上約220mから名古屋の街、遠くの山々まで見渡せる。日本夜景遺産に登録された夜景もすばらしい。ベンチやソファでゆったり眺めたい。

🏠 ミッドランドスクエア 44〜46F ☎052-527-8877 🕐11:00〜22:00（最終入場21:30）※天候により閉館の場合あり 🈺無休 💴1000円ほか

名古屋駅周辺 ▶MAP 別P.9 D-3

ⓐ 階段ベンチやアウトドアソファ、テーブルを設置したデッキベンチエリア
ⓑ 人工芝にハンギングチェアとシェーズロングを設置した芝生エリア

🍴 **NAGOYA-EKI 07**

LUNCH

究極の親子丼

濃厚な卵と炭火で炙った鶏肉に加え、心臓、レバー、砂肝も。1480円

幻の手羽先を
ひつまぶし風
にアレンジ。13
00円

手羽まぶし

マスト
オーダー

DINNER

幻の手羽先

「幻のコショウ」
がやみつきにな
る看板商品。
605円〜（1人
前5本）

ワンランク上の
「世界の山ちゃん」でランチ

なごやめしも充実するワイワイ系居酒屋「世界の山ちゃん」とは雰囲気が全く異なる「山」。落ち着いた空間で美酒美食を堪能して。

個室、半個室も充実する

山 名古屋駅店
やま なごやえきてん

名物「幻の手羽先」はもちろん、愛知が誇るブランド地鶏「名古屋コーチン」「錦爽鶏」を使った、鶏と卵にこだわる料理をラインナップ。ランチも営業し、見逃せないメニューが揃う。

🏠 名古屋市中村区椿町15-27 名駅太閤通口ビル2F ☎052-433-2145 🕐11:30〜15:00（LO14:30）、17:00〜23:30（LO23:00）🈺無休 🚃各線名古屋駅太閤通口からすぐ

名古屋駅周辺 ▶MAP 別P.8 B-3

👣 スカイプロムナードへは1階にある専用のシャトルエレベーターで入場口の42階へ。

魅惑の商店街ラビリンス

大須
OSU

大須観音の門前町として発展してきたエリア。人気の商店街は、万松寺通、東仁王門通などメインとなる通りはアーケード街なので、天気が悪くても安心。ディープな魅力あふれる町へ出かけてみて！

カオスでおもしろい

昼：◎ 夜：○

商店街だけでなく歴史ある社寺にも注目。町歩きが楽しい！

📷 OSU 01

大須を見守り続ける歴史的名所を訪れる

大須エリアには大須観音のほかにも由緒ある社寺が多数点在する。織田信長や徳川家康にゆかりのある社寺も多い。

大須のシンボルへ まずはご挨拶から

日本三大観音のひとつ

大須観音
おおすかんのん

正式名称は北野山真福寺宝生院。創建は1333（元弘3）年。尾張国長岡庄大須郷（現在の岐阜県羽鳥市大須）にあったが、名古屋城築城の際、現在の地へ。大須観音と呼ばれ親しまれている。

🏠名古屋市中区大須2-21-47 ☎052-231-6525 ⊛参拝自由 ⊗地下鉄大須観音駅2番出口からすぐ

大須 ▶MAP 別P.10 B-1

織田信長、徳川家康など武将たちの逸話が残る

大須観音境内への入口、仁王門。左右には仁王像が奉安されている

最新技術を駆使する古刹

万松寺
ばんしょうじ

1540（天文9）年、織田信長の父、信秀が織田家の菩提寺として建立。那古野城近くにあったが、名古屋城築城の際に現在の地に移築。1912（大正元）年には、領有していた広大な寺域を開放し、大須の発展に貢献した。

🏠名古屋市中区大須3-29-12 ☎052-262-0735 ⊛10:00〜18:00 ㊡無休 ⊗地下鉄上前津駅8番出口から徒歩3分

大須 ▶MAP 別P.10 C-1

白龍とLEDモニターでは1日6回ダイナミックな映像演出が行われている

そこかしこにうさぎのアイテムが。絵馬や御朱印にもうさぎ！

縁結びとうさぎの社

三輪神社
みわじんじゃ

約450年前、大神神社の大物主神を祀ったのが始まり。境内には大物主神と縁のあるうさぎがたくさん。推定樹齢450年の御神木「縁結びの木」も。

🏠名古屋市中区大須3-9-32 ☎052-241-7468 ⊛参拝自由 ⊗地下鉄上前津駅9番出口から徒歩5分

大須 ▶MAP 別P.11 D-1

矢場町の地名の由来はこの地に尾張徳川家の矢場があったことから

📷🍴🛒 OSU 02

まずは大須商店街を
ざっと予習してから

食べ歩きが楽しめる各国のグルメ店、ヴィンテージショップ、サブカルチャーの店など、新旧約1200店が軒を連ねる。くまなくめぐりたい。

🐱 **WHAT IS**

大須商店街

大須観音駅から上前津駅の間、中区2〜3丁目にかけて広がる商店街。絶えずにぎわっている。

大須 ▶MAP 別P.10 C-1

老若男女に愛される大人気商店街

観音道

大須観音通り

大須仁王門通

トレンド
グルメも！

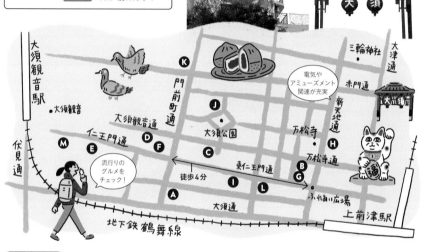

電気や
アミューズメント
関連が充実

流行りの
グルメを
チェック！

徒歩4分

🍴 OSU 03

親子3代で通うお客さんも。
洋食の老舗も大須に！

新旧の多彩なショップが集う大須商店街。老舗の洋食店もあり、昔ながらの手作りの味を求め、足しげく通う常連客が多い。

昔懐かしいレトロな雰囲気の店内

年季を感じさせる手作りの優しい味わい

Ⓐ 御幸亭
みゆきてい

1923(大正12)年から暖簾を守り続ける洋食店。約1カ月かけて仕込むデミグラスソースやマヨネーズなどもすべて手作りの本格派。

🏠 名古屋市中区大須3-39-45 ☎052-241-0741 営11:00〜14:30、土・日曜は11:00〜14:30、17:30〜19:30 休水曜 交地下鉄上前津駅8番出口から徒歩4分

大須 ▶MAP 別P.10 B-2

口の中でとろける食感に感動のタンシチュー
1850円

Miyukite

懐かしい味わいのオムライス1050円

🍴OSU 04

商店街さんぽのお供
ワンハンドフードをCHECK!

大須散策のお楽しみといえば食べ歩き。
商店街にはワンハンドフードの店が充実！
あれこれ食べながら散歩を楽しもう。

一枚ずつ
丁寧に
焼き上げます

生地にもチョ
コを練り込ん
だチョコレー
ト630円

パストラミ
ハム730円も！

クレープ

バターがリッチなクレープをパクリ！

Ⓑ BUTTER MAN.
バター マン

特選バターを使って作るクレープが人
気。パリッとした生地は食べるとバター
の香りがふわっと広がり、贅沢な味わ
い。定番のチョコレートやランチ代わ
りにもなるパストラミハムなどがある。

🏠名古屋市中区大須 3-33-37 三丁目マ
ートA1/B1 ☎なし 🕙10:00〜18:00、土・
日曜、祝日は〜19:00 🈳無休 🚇地下鉄
上前津駅8番出口から徒歩2分

大須　▶MAP 別P.10 C-1

ねっとり甘い濃蜜イモに感動

Ⓒ oimo cafe imomi
オイモ カフェ イモミ

鹿児島県産のサツマイモ「紅はるか」
を100日間熟成させてから二度焼きし
た「さつまライ」をジェラートなどの
スイーツにアレンジ。全国的にも希少
なブランドイモの濃厚な甘さに驚く。

🏠名古屋市中区大須3-
37-14 マルサンビル1F
☎052-228-6111 🕙11:
00〜18:00 🈳不定休 🚇
地下鉄上前津駅8番出
口から徒歩4分

大須

▶MAP 別P.10 C-1

サツマイモスイーツ

さつまミライジェラー
ト500円。大須の人気
店「チェザリ」とコラボ

シフォンの上に
サツマイモ生ク
リームを絞った
imomi550円

メニューの
撮影は
ココで！

食べ出すと
止まらない
お芋チップ

a 爽やかな風
味のしらす大
葉200円 b香
ばしい舞茸
180円 c ピリ
辛のめんたい
こ240円

おむすびには
お茶!!

レトロなボトルがか
わいい緑茶150円も
一緒にオーダー

天むす

季節限定
メニューも
気になる！

意外な具材が天むすに大変身

Ⓓ 天むす屋 鬼天
てんむすやおにてん

名古屋名物の天むすが色とりどりの映
えフードに。定番の海老天以外に野菜、
キノコ、うめ干しなど変わりダネも多
い。冬限定で人気を博したカマンベー
ルなど、今までにない具材も注目！

🏠名古屋市中区大須2-18-21 ☎090-18
74-0802 🕙11:30〜17:30、土・日曜、祝
日は11:00〜18:00 🈳水曜 🚇地下鉄大
須観音駅2番出口から徒歩5分

大須　▶MAP 別P.10 B-1

サクサクふわふわの食感が絶妙！

E yokubaru 大須店
ヨクバル おおすてん

韓国で流行のスイーツ、クロッフルがあるテイクアウト2Dカフェ。一番人気の和栗クロッフルは厳選した和栗を使用、甘すぎず栗の味がしっかりと楽しめる。チキンマヨ620円など食事系も。

🏠名古屋市中区大須2-26-8 ☎なし 🕚11:00〜18:00 🈺無休 🚇地下鉄大須観音駅2番出口から徒歩2分

`大須`
▶MAP 別P.10 B-1

店内はポップでカラフル！

写真を撮りたくなる店内

ランチにぴったりの惣菜系も！

a ストロベリーチーズ580円 b 濃厚な和栗クロッフル880円

`クロッフル`

ポテト＆スライダーセット3P1450円。飛騨牛入りのパティはジューシーで肉の旨みも濃厚

`スライダー`

愛らしいミニハンバーガー

G Rockin' Robin Laboratory
ロッキン ロビン ラボラトリー

アメリカでは"スライダー"と呼ばれるミニサイズのハンバーガーは、ふわふわのバンズにビーフ100%のジューシーなパティをサンド。自家製タルタルやブラウンソースもたっぷり！

🏠名古屋市中区大須3-33-33 ☎なし 🕚11:30〜19:00 🈺無休 🚇地下鉄上前津駅8番出口から徒歩2分

`大須`
▶MAP 別P.10 C-2

こだわりのコーヒーとスイーツを

F KANNON COFFEE
カンノン コーヒー

注文ごとに豆を挽き、一杯ずつドリップする香り高いコーヒーが自慢。コーヒーとの相性抜群の自家製スイーツも評判で、アンティーク家具が配された店内でゆったりと満喫できる。

🏠名古屋市中区大須2-17-25 ☎052-201-2588 🕚11:00〜19:00 🈺無休 🚇地下鉄大須観音駅2番出口から徒歩4分

`大須` ▶MAP 別P.10 B-1

`コーヒー`

キュートなシャチホコビスケットは+150円で追加できる

かぼちゃのプディング650円

`レモネード`

バッグスタイルがかわいいレモネード

H レモネード専門店 LEMOTTO
レモネードせんもんてん レモット

熱を加えないコールドプレス製法で抽出したレモンの生搾り果汁で作る自家製レモンシロップを使用。爽やかなレモンの風味と甘酸っぱい味わいが楽しめる。持ち運べるオリジナルの袋入りがキュート。

🏠名古屋市中区大須3-30-40 万松寺ビル1F ☎090-9895-3040 🕚11:00〜18:00、冬季は〜17:00 🈺無休 🚇地下鉄上前津駅8番出口から徒歩3分

`大須`
▶MAP 別P.10 C-1

あんバタースコーンサンド 時期限定

レモネード400円、ストロベリーソーダレモネード480円

🐾 食べ歩きに抵抗感があるなら、大須公園やふれあい広場などにベンチがあるので利用して！

各国のおいしいが集合！
ワールドグルメも外せない

商店街には世界各地の料理店もたくさん。異国情緒漂う店内で本場の味を満喫したり、各国料理を食べ比べするのも大須の楽しみ方。

ブラジル料理はどれもアルコールとも合う⁉

ブラジル風コロッケ、チキンのコシーニ 210円

本場ブラジルの雰囲気を大須で体感！

I オッソブラジル

店頭のグリルマシンを使う鶏の丸焼きが名物。特製のタレに一晩漬け込んだ本場の味が評判で、週末には約200羽売れることも。現地スタッフの陽気な雰囲気も楽しい。

🏠名古屋市中区大須3-41-13 東仁王門通り ☎052-238-5151 🕐10:30〜20:00 🈺月曜 🚇地下鉄上前津駅8番出口から徒歩3分

牛肉とチーズのパステル450円

BRASIL

スパイシーな鶏の丸焼きは1羽1950円

大須 ▶MAP 別P.10 C-2

VIETNAM

何種類もの具が楽しい
現地仕込みのバインミー

アボカド＆シュリンプ750円はヘルシーで女性に人気

サバとトマトがマッチしたSAVAのトマト煮750円

定番の自家製ベトナムハム＆レバーペースト750円

手作りの具がたっぷりのバインミー専門店

K アオサンズ

ベトナムのサンドイッチ、バインミー専門店。ベトナムチャーシューなど、具は無添加にこだわり、現地で学んだ女性店主がすべて一から手作り。どれも具だくさんなのも特徴。

🏠名古屋市中区大須2-6-22 ☎090-9123-3580 🕐11:00〜19:30(LO) ※なくなり次第終了 🈺月曜(祝日の場合は翌平日)、ほか不定休あり 🚇地下鉄大須観音駅2番出口から徒歩4分

大須 ▶MAP 別P.10 B-1

台湾屋台グルメが豊富にスタンバイ

J 台湾屋台 SARIKAKA
たいわんやたい サリカカ

台湾人ママが営む台湾屋台。調味料やスパイスなどは現地から仕入れ、本格的な台湾グルメを提供している。台湾定番の唐揚げ、鶏排(ジーパイ)は食べ歩きグルメとしても人気だ。

🏠名古屋市中区大須3-24-21 ☎052-253-7729 🕐11:30〜18:30(LO)、土・日曜、祝日は〜19:30(LO) 🈺月曜(祝日の場合は翌平日) 🚇地下鉄大須観音駅2番出口から徒歩6分

大須 ▶MAP 別P.10 C-1

現地人も絶賛する
B級台湾めしを召し上がれ

ルーロー飯750円は特製香味料で煮込んだ豚肉が美味

TAIWAN

ビッグサイズの鶏排550円はスパイシーな衣がクセに

よく煮込んだ牛すじ肉とピリ辛スープが合う牛肉麺1100円

ヨーロッパのローカルな古着が充実

ⓛ Archer
アーチャー

フランスで仕入れたミリタリーのデッドストックなど、ヨーロッパの古着をメインに扱う。古着全体のトレンドを押さえ、今のファッションに合わせた着こなしの提案もしてくれる。

🏠名古屋市大須3-42-32 渋谷ビル1F ☎052-212-7342 🕐13:00～19:00、土・日曜、祝日は12:00～ ⓗ不定休 Ⓜ地下鉄上前津駅8番出口から徒歩2分

大須 ▶ MAP 別P.10 C-2

春夏の注目は民族系の刺繍もの

🛒 OSU ⓪⑥

ヴィンテージショップで
お宝探しはいかが？

種々雑多な古着やヴィンテージ雑貨などが揃うショップも大須に点在。お宝探し気分であれこれめぐってみては？

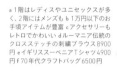

a 1階はレディスやユニセックスが多く、2階にはメンズも b 1万円以下のお手頃アイテムが豊富 c アクセサリーもレトロでかわいい d ルーマニア伝統のクロスステッチの刺繍ブラウス8900円 e イギリススーベニアTシャツ4900円 f 70年代クラフトバッグ6500円

カップルのお客様も多いです！

現地で直接買い付けるアメリカ古着

Ⓜ UNCLE Bee
アンクル ビー

年に数回、スタッフが直接現地に赴き買い付けるアメリカ古着を中心に販売。90年代のアイテムをはじめ、古いもので40年代のレアなアイテムが並ぶことも。アクセサリー類も充実する。

🏠名古屋市中区大須2-25-4 久野ビル1F ☎052-222-7405 🕐12:00～19:00、土・日曜、祝日は11:00～ ⓗ不定休 Ⓜ地下鉄大須観音駅2番出口から徒歩2分

大須 ▶ MAP 別P.10 B-1

a 古着はメンズやユニセックスがメイン b アクセサリーの品揃えは、同業者も一目置くほど c 天井付近も要チェック d 90年代アメリカ製スウェット7700円は、女性も着られるサイズ e シルバーリング2万5300円はサイズ調整可能 f コスチュームジュエリーのピンズ3850円

😊 大須にはヴィンテージショップも多い。出合ってしまった時が買い時！

那古野
NAGONO

散策が楽しい

昼：◎ 夜：△

江戸時代に建てられた土蔵や町家が残り、名古屋の町並み保存地区に指定されている四間道と古い歴史を誇る円頓寺商店街。この2エリアが中心となった那古野界隈は散策にぴったり。

古民家を生かした雰囲気あるお店が人気。名古屋駅からも徒歩圏内。

📷 🍴 NAGONO 01

昭和の雰囲気が残る
レトロな商店街へ

円頓寺商店街と、その西に続く円頓寺本町商店街。圓頓寺の門前町として栄え発展したエリアで、名古屋で一番古いと言われる商店街だ。

地元民の生活が垣間見られる円頓寺本町商店街

円頓寺商店街を見守り続けている圓頓寺

老舗だけでなく、新店もオープン。新旧混在も魅力

喫茶

味も量も大満足の名物のタマゴサンド780円

ふわとろ玉子の食感に感動！

定食やスイーツも楽しめ、フレキシブルに利用できる

円頓寺の老舗喫茶を現代風に

Ⓐ喫茶、食堂、民宿。なごのや

きっさ、しょくどう、みんしゅく。なごのや

円頓寺で約90年続いた喫茶店「西アサヒ」を継承しつつ、現代風にアレンジ。名物だった卵を3個も使うタマゴサンドも復刻。こだわりのオリジナルブレンドコーヒーとともに味わいたい。

🏠名古屋市西区那古野1-6-13
☎052-551-6800 ⊙11:00～18:00 ㊡無休 ⊗地下鉄国際センター駅2番出口から徒歩7分

那古野 ▶MAP 別P.9 E-1

🐾WHY

三英傑が集合する交差点

円頓寺商店街と円頓寺本町商店街の間にある交差点へ。四隅にはそれぞれ見慣れたポーズや姿の三英傑と黄門様のモニュメントが！

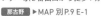

名古屋最古の喫茶店で
元祖小倉トーストを！

喫茶

大型の焙煎機が店のシンボル！

元祖小倉トースト430円。ブレンドコーヒーのほか、長年愛されてきた味を再現したクラシックビターブレンドも。各450円

小倉トースト発祥店の流れを汲む名喫茶

B 喫茶まつば
きっさまつば

小倉トースト発祥とされる「満つ葉」の暖簾分け店。1933(昭和8)年に創業し、名古屋に現存する喫茶店としては最古だという。自家焙煎のコーヒーとトーストの相性も素晴らしい。

🏠名古屋市西区那古野1-35-14☎052-551-0669 🕗8:00〜18:00(LO17:30) 🈺水曜 🚉地下鉄国際センター駅2番出口から徒歩7分

那古野 ▶MAP 別P.9 F-1

注文が入ってから一杯ずつ淹れてます

レストラン

定番のパエリアはぜひ食すべし！

毎夜多くの人でにぎわうスペインバル！

C BAR DUFI
バルドゥフィ

本格的なスペイン料理と自家製サングリアやワインをリーズナブルに楽しめるとあって、毎夜店内は大にぎわい。ボリューム満点のハンバーグなど、5種類揃うランチも評判が高い。

🏠名古屋市西区那古野1-20-1☎052-485-7581 🕗11:30〜14:00、18:00〜22:00 🈺月・火曜 🚉地下鉄国際センター駅2番出口から徒歩7分

那古野 ▶MAP 別P.9 E-1

ピンチョスなど軽いつまみも本格派

a炭焼きピンチョス1本198円〜 b魚介のパエリア1人前1078円〜

雑貨

ほっこり温もりあふれる雑貨たち

ネコブローチ2200円。手刺繍のためそれぞれ顔の表情が異なる

ピアス5500円。パーツにはヤマザクラを使用。ほかの木材もあり

一点ものは出合ったら買い！

古布を使ったガマロのポーチ2400円。色違い柄違いで欲しくなる

はきものの野田仙の下駄右近1万5510円。履きやすさにびっくり

セレクトセンスが光るアイテムばかり

D 月ののうさ
つきのののうさ

はきものの野田仙の一角にあるショップ。店主や店主の家族が手作りしているアクセサリーや雑貨のほか、古い着物などが揃う。木材や布、ガラスなど温かみのある素材を使ったハンドメイドが人気。

🏠名古屋市西区那古野1-6-10☎052-551-0197(はきものの野田仙) 🕗11:00〜19:00 🈺火・水曜 🚉地下鉄国際センター駅2番出口から徒歩7分

那古野 ▶MAP 別P.9 E-1

🌱 はきものの野田仙は創業1893(明治26)年の老舗。店主がセレクトする花緒と木地(台)が評判。

📷🍴 **NAGONO 02**

土蔵や町家が
趣深い四間道へ

ここ数年、蔵や古民家のよさを残しつつ、独自のエッセンスを加えたおしゃれなお店が続々登場。路地裏を含めてのんびり歩いてみたい。

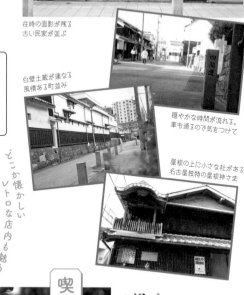

往時の面影が残る
古い民家が並ぶ

🌿 **WHAT IS**

四間道

1700（元禄13）年の大火後、防火と商人活動のため道路幅を四間（約7m）に広げた道。伝統的な建物が今も残っている。

白壁土蔵が連なる
風情ある町並み

穏やかな時間が流れる。
車も通るので気をつけて

屋根の上に小さな社がある
名古屋独特の屋根神さま

どこか懐かしいレトロな店内も魅力

喫茶

コーヒーシロップをとろ〜り！

コーヒーでご飯を炊くポピーのコーヒーライスカレー1100円

ユニークなメニューが評判のニュー喫茶

E 喫茶ニューポピー
きっさニューポピー

約30年、名駅で営業していた「喫茶ポピー」の2代目が営む喫茶店。コーヒーの香りが漂う店内は居心地抜群。メニューもアイデア豊かなものが揃う。

🏠名古屋市西区那古野1-36-52 ☎052-433-8188 営8:00〜18:00、金・土曜は〜22:00 休木曜（祝日の場合は営業）交地下鉄国際センター駅2番出口から徒歩7分

那古野 ▶MAP 別P.9 F-1

鉄板で提供する珍しい鉄板小倉トースト1000円。熱々のトーストに冷たいアイス、シロップのコラボは一度食べたら虜になる

コーヒー豆の購入もできる！

日本茶の奥深さを知る至福の時間

芳香漂うお茶を楽しみ、日本文化を再発見

❶那古野茶房 花千花

なごのさぼう はなせんか

"和を紡ぎ日本文化の再発見"をコンセプトに、全国の産地をめぐり仕入れた煎茶や抹茶と、和洋融合のモダンな和菓子を味わえる。丁寧にお茶を淹れるパフォーマンスや、こだわりの器も楽しむ。

🏠名古屋市西区那古野1-18-6 ☎052-526-8739 ⏰季節により異なる（詳細は公式サイトを確認）🈺不定休 🚃地下鉄国際センター駅2番出口から徒歩5分

那古野 ▶MAP 別P.9 E-1

和菓食4400円。和モダンなアフタヌーンティーセット（日本茶と抹茶付き）。ティーペアリングも楽しめる。平日限定、要予約

a店主がお茶を淹れる美しい所作に思わず見とれてしまう b築150年余りの古民家をリノベーション c季節の果物とティーペアリング1800円 d陶芸家とコラボする期間限定メニューも

惜しげもなく使うフルーツにうっとり

とっておきの日にもぴったり♪

a優雅な雰囲気の店内 bスペシャリテのテリーヌ

シャインマスカットのパフェ2288円（パフェは季節により果物、値段が異なる）

絵画のような一皿は感動的

❻四間道レストラン MATSUURA

しけみちレストラン マツウラ

約380年前に建てられた土蔵をリノベーションしたフレンチレストラン。料理はフランスで修業を積んだオーナーシェフが、三河湾の魚介類や地元産の野菜を巧みに使い、芸術的な一皿に仕上げる。

🏠名古屋市西区那古野1-36-36 ☎052-720-5631 ⏰11:30〜14:00、18:00〜20:30 🈺月曜、第3日曜 🚃地下鉄国際センター駅2番出口から徒歩5分

那古野 ▶MAP 別P.9 F-2

ポップな見た目と確かな味に胸キュン

❼Cafe de Lyon 本店

カフェ ド リオン ほんてん

市場で仕入れたばかりの極上のフルーツをふんだんに使ったパフェが大評判。マンゴーを丸ごと1個使うなど、鮮やかなビジュアルで、テンションアップ間違いなし！人気店なので予約がベター。

🏠名古屋市西区那古野1-23-8 ☎052-571-9571 ⏰11:00〜18:00 🈺火・水曜 🚃地下鉄国際センター駅2番出口から徒歩5分

那古野 ▶MAP 別P.9 E-1

🐾 Cafe de Lyon 本店から徒歩2分のところに2号店 Cafe de Lyon Bleu もあるのでチェック！

歴史を重ねた町で隠れた名店探し

覚王山
KAKUOZAN

ランドマークである「日泰寺」へ続く参道周辺に昔ながらの町並みが広がり、若きクリエイターたちのショップが点在。ふらり町歩きも楽しい人気エリア。地元民に交じって散策してみよう。

新旧が調和する町

昼：◎ 夜：△

歴史ある名所やカフェなど、狭いエリアに魅力的な見どころが凝縮。

📷 **KAKUOZAN 01**

参道を歩きながら
名所めぐり！

参道の雰囲気を楽しみながら日泰寺へ。お参りをすませたら周辺を散策しよう。貴重な建造物が残る揚輝荘へも立ち寄りたい。

南園

建物内の意匠をチェックして

1937（昭和12）年建築の揚輝荘の迎賓館、聴松閣（ちょうしょうかく）

覚王山のシンボル日泰寺。どの宗派にも属していない

日泰寺参道周辺には昭和を感じる町並みも

美しい庭と歴史的建造物を見学

揚輝荘
ようきそう

名古屋の老舗百貨店、松坂屋の初代社長・15代伊藤次郎左衛門祐民が約1万坪の敷地に建設した別荘。歴史的・建築的価値のある建物が残る。一部は見学可能。ゆっくり鑑賞したい。

🏠名古屋市千種区法王町2-5-17 ☎052-759-4450 🕘9：30～16：30 🈳月曜（祝日の場合は翌平日）🈂南園は300円（北園は無料）🚇地下鉄覚王山駅1番出口から徒歩10分

覚王山 ▶ MAP 別 P.11 D-3

池のまわりを歩いて庭めぐり

北園

山桜、新緑、紅葉、落葉と四季折々の景色に出合える池泉回遊式庭園

北庭園のシンボル白雲橋。修学院離宮の千歳橋を模しているとも

展示室（旧サンルーム）。全盛期の揚輝荘を再現したジオラマを展示

1階にある喫茶室兼休憩室。庭を眺めながら休憩したい

日タイ友好のお寺 タイ人も参拝に

© (公財)名古屋観光コンベンションビューロー

お釈迦様が眠るお寺

覚王山 日泰寺
かくおうざん にったいじ

1904（明治37）年、タイ国王から贈られた仏舎利とご本尊金銅釈迦牟尼佛像を安置するために建立。毎月21日には縁日が開催され、境内や参道に露店が並び多くの人でにぎわう。

🏠名古屋市千種区法王町1-1 ☎052-751-2121 🕘5：00～16：30（受付は9：00～14：00）🈳無休 🚇地下鉄覚王山駅1番出口から徒歩8分

覚王山 ▶ MAP 別 P.11 D-2

🍴 KAKUOZAN 02

覚王山で評判のカフェへ立ち寄ってみる

早めの来店がベター！

北欧テイストのインテリアに囲まれて、タルトやケーキが楽しめる「ちいさな菓子店 fika.」など、感度の高いカフェに注目。お気に入りを見つけよう。

独自アレンジの絶品タルトに首ったけ

ちいさな菓子店 fika.
ちいさなかしてんフィーカ

2008年のオープン以来、口コミで人気が広がり、開店直後から多くの人が集まる実力派店。ショーケースには季節感ある鮮やかなタルトやケーキが並び、見ているだけでも心が躍る。

🏠名古屋市千種区菊坂町2-2 ☎052-846-6657 ⏰11:00〜17:00 🈳日〜火曜 🚃地下鉄覚王山駅4番出口から徒歩4分

覚王山 ▶MAP 別P.10 C-3

キャラメル風味のプチシューが添えられたサントレーノ600円

グレーを基調としたシックな店内。焼き菓子なども豊富に並ぶ

素材のバランスが秀逸なピスタチオとベリーの焼きタルト600円

さつまいもがぎっしり！

おにまんじゅうは9時から販売。事前予約がおすすめ

地下鉄の出口からすぐ。大通り沿いに見つけやすい

九州と四国のさつまいもを使ったおにまんじゅう1個170円

🛍 KAKUOZAN 03

新旧の人気店でおみやげを購入する

名古屋人にはおなじみのおやつ、「おにまんじゅう」で知られる老舗と、フルーツ大福を全国へ広めた話題の店。おみやげにぴったり！

フレッシュな果物をIN

昔ながらの素朴な和菓子を作り続ける老舗

梅花堂
ばいかどう

1929（昭和4）年の創業以来、変わらぬレシピで作り続けるおにまんじゅうは遠方からも買いに来る人がいるほどの逸品。ほかにも赤飯190円やおはぎ170円、四季折々の餅菓子を販売。

🏠名古屋市千種区末盛通1-6-2 ☎052-751-8025 ⏰8:00〜17:00 🈳不定休 🚃地下鉄覚王山駅1番出口からすぐ

覚王山 ▶MAP 別P.11 D-3

美しい断面とみずみずしい果物を楽しんで

覚王山フルーツ大福 弁才天
かくおうざんフルーツだいふく べんざいてん

2019年にオープンし、瞬く間に名古屋から東京、大阪へと人気を広めたフルーツ大福弁才天の本店。毎朝市場で仕入れる果物を甘さ控えめの白あんと高級羽二重粉の求肥が引き立てる。

🏠名古屋市千種区日進通5-2-4 ☎052-734-6630 ⏰10:00〜19:00 ※売り切れ次第終了 🈳不定休 🚃地下鉄覚王山駅4番出口から徒歩9分

覚王山 ▶MAP 別P.10 C-3

フルーツ大福無花果780〜1300円。時季により価格の変動あり

フルーツ大福は、添えられている餅切り糸を使い半分に。割るときのワクワク感もたまらない。

往時に思いを馳せながら

有松
ARIMATSU

伝統が息づく町並み

昼：◎ 夜：△

歴史ある建物が点在する旧東海道を歩きながら有松絞りにふれよう

名古屋市の南部に位置する有松は、卯建（うだつ）が上がる屋根や虫籠窓（むしこまど）など、江戸時代の商家が今も立ち並ぶ情緒豊かな町。日本遺産にも認定される歴史ある町並みをのんびり散策してみよう。

📷 ARIMATSU 01

旧東海道に残る染めもののふるさとをぶらり

1610（慶長15）年に誕生し、今に伝承される有松絞り。昨今は絞り技術を生かしたモダンな服や雑貨もあり、世代を問わず注目されている。

白壁や歴史ある建物が連なる

愛知県有形文化財に指定されている威風堂々とした建物

さまざまな有松絞り商品のほか、昔の台帳や提灯箱など歴史を感じるものも展示される

日本が誇る手仕事の粋を

江戸末期から有松絞り製品を販売

井桁屋
いげたや

1790（寛政2）年創業、9代続く老舗絞り問屋。江戸の面影がそのまま残る店内には、主人が自ら藍染めした浴衣地をはじめハンカチやタオル、バッグやドリンクホルダーなどが種類豊富に並ぶ。

🏠名古屋市緑区有松2313 ☎052-623-1235 🕙10:00〜17:00 🈺不定休 🚉名鉄有松駅から徒歩4分

有松 ▶MAP 別P.11 F-3

浴衣地は三浦絞り4万9500円、麻の葉柄4万9500円など多種多様

江戸時代へタイムスリップしたような景色が広がる

絞り実演の見学や体験もできる施設

有松・鳴海絞会館
ありまつなるみしぼりかいかん

1階ではバッグやタオル、洋服など有松絞りの商品を販売。2階ではビデオや資料で有松絞りの歴史や工程を紹介。伝統工芸士による絞りの実演も見どころだ。予約制で絞り体験1800円〜も。

🏠名古屋市緑区有松3008 ☎052-621-0111 🕙9:30〜17:00 🈺実演は9:30〜16:30🈺無休 300円（1階は無料）🚉名鉄有松駅から徒歩5分

有松 ▶MAP 別P.11 F-3

代表的な絞りを施した浴衣や昔の資料、道具などを展示している

日替わり交代で実演します！

WHAT IS

有松絞り

1610(慶長15)年に絞りの開祖竹田庄九郎によって考案された。国の伝統工芸品に指定されている。

🛒 ARIMATSU 02

新旧が共存するモダンなアイテムを物色

伝統的な絞りの技法を用い、現代的なデザインを取り入れたアイテムを作る工房やショップも点在。おみやげ探しにのぞいてみては?

一つひとつが手作業です

a しゃれたニットもすべて村瀬さんがデザインし、絞り職人が制作 b ユニセックスを基本に、多彩なアイテムを提案

c まだら絞りを施したカシミヤニットは軽くて暖かい7万8100円 d テーブルランプ「SHIZUKU」17㎝4万7300円

アイテムはすべて3色展開

入れる容量に合わせてサイズを変更できるノットバッグ4180円

伝統的な絞り技術を取り入れた注目ブランド

suzusan factory shop
スズサン ファクトリー ショップ

"世界中のライフスタイルに合う手仕事を"をコンセプトに、スズサンの5代目を担う村瀬弘行さんが設立したブランド。ファッション、照明、ホーム＆リビングの3カテゴリーで商品を展開。

🏠 名古屋市緑区有松3026 ☎052-825-5636 🕚11:00〜17:00 ㊡水曜 🚉名鉄有松駅から徒歩6分

有松 ▶MAP 別P.11 F-3

手蜘蛛絞りのハンカチ2750円

暮らしに役立ち、喜ばれる小物類が充実

tetof 1608
テトフ いちろくぜろはち

スズサンが展開するスーベニアブランド。江戸時代、宿場町のおみやげとして重宝された木綿生地に有松絞りを施した手ぬぐいや使い勝手のいいハンカチなど、おみやげや贈り物に人気。

🏠 名古屋市緑区有松3016 ☎052-825-5641 🕚11:00〜17:00、土・日曜、祝日は10:00〜 ㊡火曜 🚉名鉄有松駅から徒歩5分

有松 ▶MAP 別P.11 F-3

先人の叡智を受け継ぎつつ、風通しのよいデザイン

使うほどに風合いが増し、やわらかくなる伊勢木綿手ぬぐい各1980円〜

Tシャツやストールも!

a 中にもう一つ小銭などを入れられるがま口がある親子がま口4917円 b ちょっとしたお出かけに便利ながま口大4708円

カラフル＆ポップな作品が女性に人気

まり木綿
まりもめん

三角形に畳み部分的に刷毛で色をのせる有松絞りの「板締め絞り」技法に特化し、カラフルな作品を制作販売。作品の一つひとつに「海月」や「屋形船」など名前が付けられているのも特徴的。

🏠 名古屋市緑区有松1901 ☎052-693-9030 🕚10:00〜15:00、土・日曜は〜17:00 ㊡火〜木曜 🚉名鉄有松駅からすぐ

有松 ▶MAP 別P.11 E-2

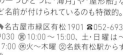

c 人形工房ほうことまり木綿がコラボ制作した c ブローチ4200円 d イヤリング2200円

歴史ある焼きものの町

常滑
TOKONAME

中世から生産が続く日本六古窯のひとつ、常滑。
緩やかな丘陵地帯に広がるやきもの散歩道は、壁に土管と焼酎瓶が
埋め込まれた道やレンガ造りの煙突など、風情たっぷり!

のどかなエリアをぶら
ぶらしながらお気に入
りの器や急須を探そう

🍴🛒 TOKONAME 01

焼きものの町で
器と美味に出合う

まずはやきもの散歩道へ出かけてみて。古い民
家を改装したギャラリーやカフェなど、素敵な
スポットに立ち寄りながら歩こう。

焼きものの町らしい
風景がそこに

🐾 WHERE IS

セントレア

常滑市は知多半島の中央あたり、西側
海沿いに位置する。空の玄関口、中部
国際空港(セントレア)があるのも常滑
市。セントレアは飛行機に乗らなく
ても楽しめる魅力がたくさん。絶景や
グルメも充実し、イベントの開催も。

個性豊かな
ネコちゃんたち

とこなめ招き猫通り
「とこにゃん」や常滑市にゆかりがある陶芸
作家39名が手がける「御利益陶製招き猫」
39体、「本物そっくりの猫」11体がずらり。

丘陵地帯に広がる散歩道
やきもの散歩道

昭和初期頃に栄えた窯業集落一帯
で、レンガ造りの煙突や窯、工場、陶
器の廃材を利用した道などが点在。
地図を片手に趣ある空間をめぐろう。

🏠中心市街地の小高い丘一帯

や
き
も
の
散
歩
道

Pottery
Footpath

ACCESS

名鉄名古屋駅

名鉄常滑線 特急
所要 30分　料金 680円
※一部特別車はプラス360円必要

常滑駅

名鉄空港線 特急
所要 5分　料金 310円

中部国際空港駅

名鉄空港線ミュースカイ（全車特別車）
所要 28分　料金 1250円

犬山
名古屋
岡崎
常滑
伊勢湾
三河湾
日間賀島

カフェ、ギャラリーめぐり

昼：◎　夜：△

迷路のような路地や雰囲気あるカフェ、ギャラリーが楽しみ。

壁の上からひょっこり

見守り猫「とこにゃん」
とこなめ招き猫通りでひと際目を引く高さ3.8m、幅6.3mの巨大招き猫。手前の猫にも注目

WHAT IS

常滑焼

常滑の丘陵地には、鉄分を多く含む良質な土が豊富で古くから土管や甕、生活の器などの焼きものが作られてきた。現在は急須と招き猫が人気。

やきもの散歩道の出発点

Ⓐ 常滑市陶磁器会館
とこなめしとうじきかいかん

招き猫や急須など、常滑焼の展示や販売をしている。散歩道の地図があるので、散策前、情報収集を兼ねて立ち寄りたい。

🏠 常滑市栄町3-8　☎ 0569-35-2033　🕘 9:00〜17:00　無休　名鉄常滑駅から徒歩6分

常滑 ▶MAP 別P.15 E-1

常滑駅
MEITETSU TOKONAME sta.
東口

陶磁器会館前

TOKONAME-KANEKINEKO St.
とこなめ招き猫通り

とこにゃん

陶磁器会館西

常滑市陶磁器会館

Ⓑ ni:no

Ⓔ nuu

名鉄空港線

常滑街道

栄町

MADOYAMA Ⓖ
カフェギャラリー千里香 Ⓓ

土管坂

Ⓝ

至りんくう常滑駅

登窯（陶栄窯）

252

神明社

坂道にはすべりにくい工夫も！

「カフェギャラリー千里香」。常滑焼を販売するギャラリーを併設

豊かな緑に囲まれたカフェ＆雑貨店「nuu」

ステキなSHOPが点在

「ni:no」。築90年元商家1階はショップに

登窯
1887（明治20）年頃に築かれ、1974（昭和49）年まで使用されていた窯。日本に現存する登窯では最大級。

高さの異なる煙突が10本も！

土管工場を改装した「MADOYAMA」。1階はモダンなデザインの常滑焼を販売

土管坂
左右の壁に明治期の土管や昭和初期の焼酎瓶がびっしり。やきもの散歩道を代表する風景。

日本六古窯とは、越前、瀬戸、常滑、信楽、丹波、備前の6つの窯の総称。2017年日本遺産に認定。

🍴🛒 TOKONAME 02

散歩道で見つけた 素敵なカフェ&ギャラリー

常滑に訪れたら足を運びたいのがノスタルジックな町並みが広がるやきもの散歩道。古民家を利用したギャラリーや、常滑焼の器で提供するカフェなどをめぐろう。

古民家独特の温もり♪

黒糖の風味がアクセントの黒糖のレアチーズケーキ 500円

時間を忘れる居心地のよさ

スパイシーな本格派♪

古民家カフェでヘルシーメニューを

B ni:no
ニーノ

築90年以上の元商屋を改装。1階で作家の陶器などを購入、2階は地元野菜を使ったランチ1380円〜やヘルシーなスイーツ 500円〜が味わえる。

🏠常滑市陶郷町1-1 ☎0569-77-0157 ⏰10:00〜17:00（ランチは11:30〜16:30）※なくなり次第終了 ㊡木曜（祝日の場合は営業）🚉名鉄常滑駅から徒歩7分

常滑 ▶MAP 別P.15 E-1

スパイシーで濃厚なカレーが評判

C MADOYAMA
マドヤマ

数種類のスパイスを使う香り高いカレーが自慢。やわらかいチキンが入ったバターチキンカレーやチキンレッグカレー1480円〜など、どれも本格的。

🏠常滑市栄町3-111 ☎0569-34-9980 ⏰10:00〜17:00（ランチは11:30〜16:00）※なくなり次第終了 ㊡無休 🚉名鉄常滑駅から徒歩10分

常滑 ▶MAP 別P.15 E-1

野菜も豊富なバターチキンカレー1480円

モダンなデザインの常滑焼も購入できる

緑に包まれる癒やしの空間

中庭にあるテラス席も人気

ハンドドリップのpapaブレンド 500円とりんごのケーキ 450円

料理も楽しみなレトロカフェ

E nuu
ヌウ

ギャラリーや雑貨店を併設するカフェ。シェアキッチンというスタイルで日ごとに違ったシェフの料理を味わえる。大正時代の建物をリノベーションしたレトロな空間も魅力。

🏠常滑市栄町2-73 ☎0569-89-8755 ⏰10:00〜16:00 ㊡木〜土曜 🚉名鉄常滑駅から徒歩7分

常滑 ▶MAP 別P.15 D-1

アートな作品も見どころ

上質な空間でアートとコーヒーを

D カフェギャラリー 千里香
カフェギャラリー せんりこう

広々とした店内に配された作家作品を鑑賞しながら、お茶やランチを楽しめる和モダンなカフェ。ランチはパスタや和風オムライスなどが人気。

🏠常滑市陶郷町2-128-1 ☎0569-36-3237 ⏰11:00〜17:30、10〜2月は〜17:00（ランチは11:00〜14:30）㊡第1木・金曜 🚉名鉄常滑駅から徒歩10分

常滑 ▶MAP 別P.15 D-1

もちもち麺のパスタはサラダとパン付き1050円

🍴🛒 **TOKONAME 03**

焼きものをもっと
知りたくなったら

水まわり・建材製品を提供するLIXILが運営するミュージアムへ。創建時とほぼ変わらない姿で保全されている高さ22mの煙突が目印。

童心に溺れる
体験教室♪

土とやきものの体験・体感型ミュージアム

INAX ライブミュージアム
イナックス ライブミュージアム

四季折々の表情が楽しめる緑豊かな敷地に6つの館が点在。土とやきものの歴史や文化を学んだり、ものづくりにふれる体験教室やワークショップに参加したりすることができる。

🏠常滑市奥栄町 1-130 ☎0569-34-8282
🕙10:00〜17:00(最終入館16:30) 🚫水曜(祝日の場合は営業) 💴700円 🚃名鉄常滑駅から徒歩25分、バス停INAXライブミュージアム前から徒歩2分

`常滑` ▶MAP 別 P.15 F-2

個性豊かな館をめぐろう♪ 土・どろんこ館 b 陶楽工房

体験

ピカピカ
ツヤツヤ

粘土の球を削り、色をのせ、磨いて仕上げる

体験 Information

光るどろだんごづくり

土・どろんこ館で、やきもの用の粘土と道具を使い、オリジナルの光るどろだんごを作ろう。

`開催日時` 10:00 〜、13:00〜、15:00〜(要予約)
🕐 60分
💴 900円(どろだんご1個)

学ぶ

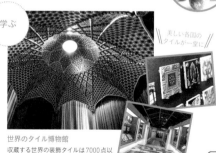

美しい各国のタイルが一堂に

世界のタイル博物館
収蔵する世界の装飾タイルは7000点以上。展示や美しい空間が魅力。

窯のある広場・資料館
大正時代に建造された土管工場の大きな窯や建屋、煙突を保存、公開する。国登録有形文化財・近代化産業遺産

体験 Information

プチトイレ絵付け

陶楽工房で、オリジナルのミニチュアトイレにやきもの用オリジナル絵の具で絵付けに挑戦。

`開催日時` 月〜土曜10:00〜
(要予約)
🕐 60〜90分
💴 2500円

ひと休みはココで

ピッツェリア
ラ・フォルナーチェ

イタリア産小麦粉を使う薪窯ピッツァがおいしいイタリア料理店。知多半島の旬食材を味わおう。

🏠世界のタイル博物館1F ☎0569-34-8266 🕙10:00〜18:00(LO17:15)、土・日曜、祝日は〜21:00(LO20:00)

🌱 世界のタイル博物館1階にあるミュージアムショップもチェック。常滑らしいおみやげが充実。

心に残る歴史的スポットが満載！

犬山
INUYAMA

戦国時代に合戦の舞台となった犬山。歴史の荒波をくぐり抜けた
国宝 犬山城をはじめ、歴史の足跡が多く残され、
風情あふれる観光地として人気を集めている。

木曽川沿いの山の上に
立つ国宝 犬山城

町人たちが行き交った
時代へタイムトリップ

📷 **INUYAMA 01**

城のある風景へ、
城下町をぶらり

江戸時代と変わらない町の区画がそのまま残る
犬山城下町。歴史的な建物が立ち並ぶ町をレン
タル着物や浴衣で歩く観光客の姿も。

古いお屋敷
や町屋が
連なる

着物が
似合う趣深い
町並み

戦国時代の歴史が刻まれた名城
Ⓐ 国宝 犬山城
こくほう いぬやまじょう

室町時代の1537（天文6）年に織
田信長の叔父・信康が築城。その
後、信長・秀吉・家康が攻略し、天
下統一の道を切り開いた。扇状地
である濃尾平野の扇の要に位置
し、天守最上階からの眺めは絶景。

🏠犬山市犬山北古券65-2 ☎0568-
61-1711 🕘9:00〜17:00（最終入
場16:30）休無休 ¥550円 🚃名鉄
犬山駅から徒歩20分
犬山 ▶MAP 別P.14 A-2

天守は現存する
日本最古のもの。
天守最上階から
は雄大な木曽川
を望める

ACCESS

名鉄名古屋駅

🚃 名鉄犬山線 快速特急
所要 25分 料金 570円
※一部特別車はプラス360円必要

中部国際空港駅

🚃 名鉄空港線 ミュースカイ
(全車特別車)
所要 55分 料金 1730円

→ 犬山駅

名所・史跡が充実

昼：◎ 夜：△

歴史を感じるスポットや城下町が人気。市内にはテーマパークも。

熱気あふれる祭りを体感

a 夜に曳く車山には365個以上の提灯が付けられている b 町屋造りの館内も見どころ

犬山祭で曳かれる巨大な車山を展示

⑧ どんでん館
どんでんかん

犬山祭で車山の片側を持ち上げて180度回転する動きが「どんでん」。光と音の演出で迫力ある祭りの一日を再現している。

🏠犬山市犬山東古券62 ☎0568-65-1728 🕘9:00〜17:00(最終入館16:30) 🅿無休 💰100円 🚃名鉄犬山駅から徒歩10分
犬山 ▶MAP 別P.14 A-3

📷 INUYAMA 02

国宝を有する
日本庭園があるんです！

犬山の最大の魅力ともいえるのが、1つの町に国宝が2つあること。国宝犬山城と並ぶ二大スポット、国宝茶室のある日本庭園は必見。

🚢 WHERE IS

御城印

織田家・豊臣家・徳川家・成瀬家の家紋が押された御城印は300円。犬山城前観光案内所で頒布している。

かまぼこ状の屋根が特徴

江戸期の建築様式を残す木造家屋

ⓒ 旧磯部家住宅
きゅういそべけじゅうたく

江戸時代の呉服商の町屋。主屋は幕末の建造と伝わり、「起り屋根」と呼ばれるふくらみのある屋根は犬山市内の町屋で唯一現存する建築様式。

a 正面は2階建て、裏は平屋の造り。敷地は奥行きが広く中庭や土蔵も

🏠犬山市犬山東古券72 ☎0568-65-3444 🕘9:00〜17:00(最終入館16:30) 🅿無休 💰無料 🚃名鉄犬山駅から徒歩10分
犬山 ▶MAP 別P.14 A-3

如庵が京都にあった時代の庭園を再現

ⓓ 日本庭園 有楽苑
にほんていえん うらくえん

犬山城の東にあり、信長の弟・有楽斎が建てた国宝茶室「如庵」や重要文化財「旧正伝院書院」が移築され、静かな佇まいを見せる。

🏠犬山市犬山御門先1 ☎0568-61-4608 🕘9:30〜17:00(最終入苑16:30) 🅿水曜ほか 💰1200円 🚃名鉄犬山遊園駅から徒歩8分
犬山 ▶MAP 別P.14 A-2

a 国宝茶室「如庵」 b 重要文化財「旧正伝院書院」 c 四季折々の風情が美しい苑内

🌿 日本庭園 有楽苑ではオリジナル和菓子「有楽風」とともに犬山焼の茶器で抹茶がいただける。一服600円。　135

犬山

ビジュアルも
味も感動♪

🍴 INUYAMA 03

城下町グルメは
串モノに注目せよ!

犬山城の城下町には古い民家や商家を改装したカフェやみやげ店がずらり。注目は昨今盛り上がりを見せている串モノグルメ!

8種類の味が楽しいハイカラ恋小町セット650円。犬山煎茶付き

団子とモンブランのコラボ

写真映え間違いなしのキュートな団子

E 恋小町だんご 〜茶処くらや〜
こいこまちだんご〜ちゃどころくらや〜

カラフルなあんやクリームで飾られた恋小町だんごが名物。米粉100%の団子はもちもちとした食感で食べ応えもアリ。団子にモンブランを合わせた和スイーツも人気が高い。

🏠犬山市西古券60 昭和横丁内 ☎0568-65-6839 🕚11:00〜17:00 🈺火曜、第3水曜 🚃名鉄犬山駅から徒歩10分

犬山 ▶MAP 別P.14 A-3

キュートな苺モンブラン小町と西尾の抹茶を使う抹茶モンブラン

金箔枝豆など10種類が付く伊勢屋手まり1760円

アイデア光る新感覚串が充実

F 壽俵屋犬山井上邸
じゅひょうやいぬやまいのうえてい

創業40有余年を誇る守口漬・奈良漬の製造会社が営む店。ご飯と漬物を使ったユニークな串が揃い、香ばしい焼きおにぎりとほどよく甘い奈良漬を組み合わせたしょうゆおこげ串が定番。

🏠犬山市西古券6 ☎0568-62-7722 🕚10:00〜17:00 🈺無休 🚃名鉄犬山駅から徒歩10分

犬山 ▶MAP 別P.14 A-3

上からしょうゆおこげ串200円、ゆずみそマヨネーズ300円、めんたいマヨネーズ300円

ご飯と漬物がマッチ

相性抜群のご飯と漬物を串に!小腹が空いた時にも

多彩にアレンジしたこんにゃくメニュー

G 伊勢屋砂おろし
いせやすなおろし

パスタや寿司など、一部にこんにゃくを使用したヘルシーなメニューを味わえる。米と一緒にこんにゃく芋を炊き込んだ酢飯を使う伊勢屋手まりは美しい飾り付けが評判。

🏠犬山市東古券58 ☎0568-61-5502 🕚10:00〜17:00 🈺無休 🚃名鉄犬山駅から徒歩10分

犬山 ▶MAP 別P.14 A-3

築200年以上経つ商屋を改装した店舗

豪華な金箔ソフ~イ!

バラエティ豊かな田楽

トッピングもキュート♪

伝統の味に
現代テイストをプラス!

H 本町茶寮
ほんまちさりょう

古民家をリノベーションしたレトロな店内で、ゆったりとお茶や犬山名物の田楽などを楽しめる。定番の甘辛味噌味やピザ風に仕上げた創作系など7種類の田楽セットが人気。

🏠犬山市東古券673 ☎050-5870-5670 🕚11:00〜17:00 🈺無休 🚃名鉄犬山駅から徒歩10分

犬山 ▶MAP 別P.14 A-3

a 7種類の田楽と犬山茶のセット980円 b 昔ながらの風情が残る雰囲気のある店内 c リッチで濃厚なプレミアムソフト350円

犬山城天守
がお出迎え！

LOBBY

INUYAMA 04

城VIEW！
話題のホテルに泊まりたすぎる

木曽川一帯の風光明媚な景色や城下町グルメが魅力の尾張名古屋の奥座敷・犬山。旅の拠点は犬山城を臨む絶景ホテルで決まり！

ROOM

壁にはポップな浮世絵も！

犬山城または木曽川の景色を体験できる51㎡の有楽苑スイート

ラウンジは犬山祭のクライマックスの雰囲気を表現

活気ある町の文化に浸る

a 鵜飼の木船や鵜籠をモチーフにしたベッドサイド b レセプションは国宝茶室「如庵」の丸窓をオマージュ

ONSEN

縁が心地いい露天風呂も

RESTAURANT

目にもおいしい創作料理が評判のインディゴホームキッチン「車山照」

朝食はクロワッサンが人気のセミブッフェ付きアメリカンセットを

美肌効果があるとされる天然温泉「白帝の湯」。アートタイルも見もの

2つの国宝に隣接する和モダンホテル

❶ ホテルインディゴ
犬山有楽苑
ホテルインディゴいぬやまうらくえん

木曽川に面した静かな場所で、犬山城と茶室「如庵」の2つの国宝を感じられる絶好のロケーション。犬山唯一の天然温泉や、ローカルフードをアレンジしたシェフこだわりの料理も人気の秘密。

🏠犬山市犬山北古券103-1 ☎0568-61-2211 【室数】156室 ⓧ名鉄犬山遊園駅から徒歩7分

【犬山】 ▶MAP 別P.14 A-2
【料金】1泊1室3万5000円〜
【IN】15:00 【OUT】11:00

🌸🎍 犬山城や日本庭園 有楽苑への園路など9つのゾーンで構成されたホテルの庭園の散策もチェックしたい。

家康のふるさと、岡崎に来てみりん！

岡崎
OKAZAKI

三河エリアの岡崎へは名古屋から電車で30分ほど。
徳川家康の生誕地で、家康や三河武士ゆかりの地が点在。
歴史にどっぷり浸って、町をのんびりめぐってみよう。

岡崎のシンボル岡崎城
天守。5階には展望台
もある

📷 **OKAZAKI 01**

市民が憩う
岡崎公園へ

岡崎城天守が見守る自然豊かな公園にはく
つろぐ市民の姿。春の桜、夏の花火も有名で、
遠方からも多くの人が訪れる。

四季折々の景色に癒やされる
岡崎公園
おかざきこうえん

約10万㎡の広大な敷地に、岡崎城天
守を中心に歴史的名所が集まる。岡
崎城天守は2023年1月にリニューア
ルし、最新技術を取り入れたシアタ
ールームや展示室などが誕生した。

🏠 岡崎市康生町561-1 ☎0564-22-
2122 ⏰ ㊡施設により異なる ㊡名
鉄東岡崎駅北口から徒歩15分、バス
停康生町から徒歩5分
岡崎 ▶MAP 別P.15 E-3

美しい五万石ふじ。
約1300㎡の見事
な藤棚にうっとり

園内には
しかみ像の石像も

岡崎城天守
竹千代が生まれた城。1959（昭和
34）年再建の3層5階の復興天守。
⏰9:00～17:00（最終入館
16:30）㊡300円

三河武士のやかた 家康館
家康と三河武士について学べる資料館。2024年1
月8日までは「どうする家康 岡崎 大河ドラマ館」に。
☎0564-24-2204 ⏰9:00～17:00（最終
入館16:30）㊡無休 ㊡800円（岡崎城天
守との共通入場券は890円）※2024年
1月8日以降は未定

岡崎城二の丸能楽堂
岡崎城の二の丸があった場所に立つ本格的な屋
外能楽堂。古典芸能の公演や演奏会などが行わ
れる。催しがないときは見学可能。
☎0564-24-2204 ⏰催し物により異
なる

＼足をのばしてコチラへも／

松平家、徳川将軍家の菩提寺
大樹寺
だいじゅじ

境内には松平8代の墓や徳川歴代
将軍の等身大の位牌がある。重要
文化財の多宝塔や岡崎城天守が望
める景色が人気の山門も忘れずに。

🏠岡崎市鴨田町字広元5-1 ☎0564-21-
3917 ⏰9:00～16:00（最終受付15:
30）㊡無休 ㊡宝物殿、大方丈は500
円 ㊡バス停大樹寺から徒歩7分
岡崎 ▶MAP 別P.15 F-2

東照公産湯の井戸
井戸の水が竹千代の産
湯に使われたと伝わる。
今では開運スポットに。

徳川家康から
パワーを！

写真提供：岡崎市

ACCESS

名鉄名古屋駅

名鉄名古屋本線 快速特急
所要 29分 料金 680円
※一部特別車はプラス360円必要

名鉄名古屋本線
所要 37分
料金 680円
※特急や急行などを使い、途中乗り換えた場合

岡崎公園前駅

名鉄名古屋本線
所要 2分
料金 170円

東岡崎駅

犬山
名古屋
岡崎
常滑
伊勢湾
三河湾
日間賀島

歴史と伝統の町

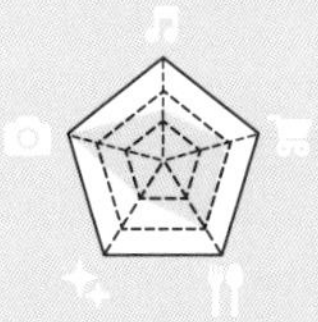

昼：◎ 夜：△

三河が誇る武将ゆかりの名所をめぐろう。歴史ある名物もチェック！

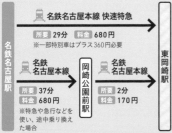

貴重な資料が豊富に揃う

WHAT IS

八丁味噌

岡崎城から西へ八丁（約870m）離れた八丁村（現八丁町）で江戸時代より作られていることからその名がついた豆味噌。大豆の旨みが凝縮し、深く濃厚な味わい。

OKAZAKI 02

家康も好んだという岡崎の味噌文化を知る

八丁味噌を八丁町で守り続ける2つの老舗を訪れてみよう。どちらも工場見学を実施。歴史ある味噌蔵をのぞくことができる。

味一筋に十九代

カクキュー八丁味噌

カクキューはっちょうみそ

国の登録有形文化財である本社屋をはじめ歴史感じる建物が集まり、味噌蔵や元味噌蔵の史料館はガイドの案内のもと見学ができる。八丁味噌を使った料理やスイーツが味わえるお食事処や売店も立ち寄りたい。

岡崎市八丁町69 ☎0564-21-1355 営9:00〜17:00 休無休 交名鉄岡崎公園前駅から徒歩5分

岡崎 ▶MAP 別P.15 D-2

見学Information

開催日時 10:00〜16:00の毎正時、土・日曜、祝日は毎正時、毎30分（12:30の回は除く）

約30分 ¥無料

おみやげ

八丁味噌

復刻版八丁味噌800g1500円。昭和時代のパッケージの復刻版

八丁味噌

三河産大豆八丁味噌家康公バージョン756円

味噌ソフトクリーム400円。味噌のコクが合う

グルメ

八丁味噌の風味が生きたゆば天味噌煮込みうどん1200円

大きな木桶には職人が積み上げる計3tもの重石

みそかりんとう

直営売店もチェック

牛すじどて煮
島正

aみそかりんとう378円 b「島 正」監修牛すじどて煮680円

八丁味噌

有機八丁味噌

c三河産大豆の八丁味噌300g598円 d有機八丁味噌400g861円

見学Information

開催日時 営業時間の毎正時、毎30分（12:00〜13:00は除く）

約30分 ¥無料

朝ドラのロケ地にもなった蔵元

まるや八丁味噌

まるやはっちょうみそ

創業は1337（延元2）年。伝統製法を守り、二夏二冬、長期間熟成させた味噌は昔と変わらない味。江戸時代後期から使っている味噌蔵や太閤の逸話が残る「日吉丸石投げの井戸」などが見学できる。

岡崎市八丁町52 ☎0564-22-0678（見学受付） 営9:00〜16:20 休無休 交名鉄岡崎公園前駅からすぐ

岡崎 ▶MAP 別P.15 D-3

大樹寺の山門と岡崎城天守を結ぶ約3kmの直線は"ビスタライン"と呼ばれる。大樹寺を訪れたらその美しい眺望を確認してみて。

海の幸とのどかな風景に出合う

日間賀島
HIMAKAJIMA

三河湾にぽっかりと浮かぶ日間賀島は、知多半島の河和港や
師崎港からフェリーで気軽に訪れることができる人気の島。
雄大な海と自然、島グルメを満喫しに出かけよう!

海風を感じながら10〜
20分の船旅で島へ

島内を
のんびり
お散歩

サンライズ
ビーチにある
展望台

名物の
タコの
一夜干し

海に向かって
漕ぎだそう!

📷 **HIMAKAJIMA 01**

フェリーに乗って
プチ島旅へGO!

島へ着いたら散策へ。小高い丘にある恋人のブ
ランコやサンライズビーチの展望台など、海を
望めるスポットや見どころが点在する。

⚓ **WHAT IS**

日間賀島

名古屋から一番近い島で、
知多半島先端の師崎から
わずか2km。三河湾国定公園
にも指定され、雄大な自然
を誇る島だ。一周は約5.5
kmなので、のんびり歩い
てめぐっても2時間ほど。

ACCESS

名鉄名古屋駅 → 名鉄河和線特急（所要51分／料金950円　※一部特別車はプラス360円必要） → 河和駅

河和駅 → 徒歩（所要5分） → 河和港 → 高速船（所要20分／料金1420円） → 日間賀島

河和駅 → 知多バス師崎線（所要30分／料金300円） → 師崎港 → 高速船（所要10分／料金710円） → 日間賀島

地図：犬山／名古屋／岡崎／常滑／伊勢湾／三河湾／日間賀島

大自然に癒やされる

昼：◎　夜：△

海や緑、自然にふれながらのんびりリフレッシュ。海の幸も楽しみ。

🍴 HIMAKAJIMA 02

新鮮な魚介類が魅力♡島グルメに舌鼓

新鮮な魚介類を使ったユニークなフードも目白押し！ 島グルメを思う存分満喫しよう♪

洋食にアレンジしたシーフードメニューがいろいろ

日間賀島名産のタコが入ったアヒージョ（バゲット付）1350円

この看板を目印にして♪

KITCHEN macha open

店内はオシャレな空間

キッチンで腕を振るう代表の大西正和さん。店先にはテラス席も

地元の魚介を使った洋食メニューが評判

KITCHEN macha
キッチン マチャ

西港の目の前にあるカフェダイニング。島にないような料理も楽しんでほしいと店主が作る料理は、新鮮な魚介と店主のセンスが融合したパスタなど種類豊富。

🏠知多郡南知多町日間賀島西港2 ☎0569-68-3113 ⏰10:00〜21:30（17:00以降は予約制）🈲火曜 🚩日間賀島西港からすぐ

`日間賀島` ▶MAP 別P.14 B-3

しらすのしょっぱさとアイスの甘みが好相性！

抹茶と佃煮入りもおすすめ

しらすソフトとつくだ煮抹茶ソフト各450円。ユニークなスイーツ

2023年7月、すぐ近くに新店舗がオープン

しらすが主役の新感覚スイーツに注目

丸豊cafe
まるとよカフェ

しらす工場が直営するショップ。こだわりの自家製釜揚げしらすを使った名物のしらすソフトは甘じょっぱさがクセになる新感覚の味わい。

🏠知多郡南知多町日間賀島広山24-1 ☎0569-68-2113 ⏰10:00〜16:00 🈲不定休 🚩日間賀島東港から徒歩20分

`日間賀島` ▶MAP 別P.14 C-2

素材の旨みが凝縮！ボリューミーで大満足

イカやエビを丸ごと使うソフト姿焼き800円。酒のつまみにも◎

エビの姿焼きも美味

焼きたて熱々の姿焼きは味も大人気

鈴円本舗
すずえんほんぽ

水産加工会社が日間賀島のおみやげなどを販売。名物のソフト姿焼きは、注文が入ってからイカやエビをぎゅっとプレスし、旨みを凝縮。

🏠知多郡南知多町日間賀島西浜28 ☎0569-68-9110 ⏰9:00〜16:00（LO15:45）、土・日曜は〜17:00（LO16:45）🈲無休 🚩日間賀島西港からすぐ

`日間賀島` ▶MAP 別P.14 B-3

🐙魚介類の宝庫として知られる日間賀島周辺。タコとフグが名物で"多幸（タコ）の島、福（フグ）の島"として親しまれている。

STAY

名古屋アートが彩る贅沢な空間

話題の新ホテルで至福のステイ

国内では6軒目として、2022年にオープンしたコートヤード・バイ・マリオットブランドのホテル。ローカルのエッセンスが随所にちりばめられ、名古屋らしいステイが堪能できる。

ローカルインスパイアが さりげなくそこかしこに

COURTYARD® BY MARRIOTT NAGOYA

フロントバックは名古屋城の瓦屋根をイメージ。ほかにも地元アーティストが手がける堀川から着想を得たアートなどが点在

ROOM

スタイリッシュながらアースカラーを基調としたモダンなインテリアが心地いい客室。各階コーナーの1部屋がスイートに。

コートヤードスイート

デラックスルーム ツイン

a 客室の壁紙は堀川の水辺をイメージ b クッションの生地は有松絞り

大きなサークルミラーはスイート限定

常滑焼・高山陶園の器でお茶を

c 木材を多用した温かみのある広々としたリビングルーム。堀川の周辺の自然や風景をイメージしたデザイン
d 大きな窓の向こうに名古屋駅の高層ビル群が望める

DINING

オールデイダイニング「CRUST」。地産地消にこだわった新鮮な食材をふんだんに使う各国料理や豪華なブッフェを楽しみたい。

天井が高く開放的な空間に100席をゆったりとレイアウト。個室もある

> BREAKFAST

愛知産のおいしい食材が集合！

目の前で調理してくれるうなオムレツやフォー風にアレンジしたCRUST Styleきしめんなど、名古屋らしいメニューも魅力

> BAR TIME

LOUNGE

プレミアムコーヒーからカクテルまで揃う使い勝手抜群の「THE LOUNGE」。各席にはコンセントとUSBポートがあり、仕事シーンでも活躍。

> TEA TIME

g h
g 清洲ジン使用のクラフトイン愛知 1000円 **h** 金シャチモヒート 1400円

愛知県産含めクラフトジンも充実の品揃え

e ひとりでも利用しやすい雰囲気 **f** ハッピーポークのカツサンドイッチ2300円、CRUSTビーフバーガー2800円。フライドポテト付きでボリューム満点

ij ソファ、テーブル、カウンターなど、席も豊富 **k** 季節ごとに変わるアフタヌーンティーも人気

優美な和の美学が息づくモダンなホテル

コートヤード・バイ・マリオット名古屋

コートヤード・バイ・マリオットなごや

心地よさと上品さを兼ね備えたおもてなしでくつろぎの時間が過ごせる。ホテル横を流れる堀川インスパイアのアートにも注目。

🏠 名古屋市中区栄1-17-6 ☎052-228-2220 室数 360室 🚇 地下鉄伏見駅6番出口から徒歩8分

🕐 ダイニング6:30〜10:30、11:30〜15:00、17:00〜21:30
ラウンジ8:00〜22:30

伏見 ▶MAP 別P.9 F-3

料金 1泊1室2万5410円〜（朝食付き） IN 15:00 OUT 12:00

🌸 名古屋市内中心部に外資系ホテルがオープンするのは約20年ぶり！

ライフスタイル

STAY

一度泊まってみたかった!!
人気のライフスタイルホテルへ

デザイン性の高い空間とプラスαの価値を兼ね備え、滞在そのものが旅の目的になる
ライフスタイルホテルで、名古屋らしい文化や地域の食を満喫しよう。

LOBBY

a 壁一面の棚に名古屋や旅、食、音楽などをテーマにした本とオブジェが並ぶ b シャチホコのモニュメントが出迎えるコミューナルロビー

NIKKO STYLE NAGOYA

朝食も楽しみ♪

地域の魅力が詰まった名古屋スタイルに癒やされる

30㎡でゆったり

CAFE & RESTAURANT

a 朝食は3種類の洋食プレートか30食限定の和食から選べる b こだわり食材の生産者とゲストをつなぐ一皿を提供する「style kitchen」

Deluxe Floors King
全室、間仕切りを設けず正方形の間取りで快適な広さを追求。BALMUDAのケトルが置かれ、客室でもこだわりのコーヒー「TRUNK COFFEE」が楽しめる

☆注目POINT☆
客室の中央にはシャチホコの鱗をイメージしたミラー

ROOM

a 名古屋の伝統工芸、有松絞りのクッション b 棚にはシャチホコの置物 c 名古屋にちなんだデザインの瀬戸焼のルームプレート

オリジナルマグカップ

コーヒーをおいしく飲むために開発された美濃焼のカップ。ロゴ入りのオリジナルカップはホテルで購入できる。

地域の文化を通じてヒト-モノ-コトとつながる
ニッコースタイル名古屋
ニッコースタイルなごや

オークラ ニッコー ホテルズ初のライフスタイルホテル。シャチホコのモニュメントや地元の名店とコラボしたこだわりのコーヒー、地域の良質な食材を使用した料理など、名古屋を楽しむ要素が充実。

🏠 名古屋市中村区名駅5-20-13 ☎ 052-211-8050 室数 191 室 ⊗ 各線名古屋駅桜通口から徒歩10分

名古屋駅周辺 ▶ MAP 別 P.9 E-3

料金（朝食付き）1泊1室2万3000円〜 IN 15:00 OUT 11:00

☆注目POINT☆

鉄骨は1953年の建設開始当時人力で立ち上げたもの

夜景に胸躍る♪

Forest View Double L04
愛知県在住のアーティスト鷲尾友公さんとコラボレーションした客室。愛知で誕生したエアウィーヴなど、アメニティは地元ゆかりのブランドをセレクト

鉄骨美にうっとり

むき出しの鉄骨が突き抜けるユニークな異次元空間

ROOM

a ボディタオルは三重県津市で生まれたおぼろタオルを用意 b タワーの鉄骨をイメージしてデザインされたルームキー c 美濃焼のマグカップ

THE TOWER HOTEL NAGOYA

a 東海3県の旬の食材を使った和食重箱など贅を尽くした朝食 b 地元作家のテーブルウェアやインテリアが彩るレストラン「glycine」

RESTAURANT

RECEPTION

愛知出身のアーティスト・杉戸洋さんが、多治見タイルで描いた壁一面のモザイク画が美しい

地元ゆかりのモザイク画

LOBBY

開業当時の柱がむき出しになったロビーにも、タワーのオブジェをはじめ地元アーティストの作品が

栄のシンボルに誕生した世界初のタワーホテル

THE TOWER HOTEL NAGOYA
ザ タワー ホテル ナゴヤ

中部電力MIRAI TOWERの躯体部分などを生かしたホテル。1階テラスカフェ、2階レストラン、4・5階客室の4フロアで構成され、ホテル全体が東海3県のアートやクラフトで彩られている。

入り口にもアート！

🏠名古屋市中区錦3-6-15先 ☎052-953-4450 室数15室 ㊙地下鉄久屋大通駅B4出口からすぐ

栄 ▶MAP 別P.7 D-1

料金 1泊1室3万6000円〜（朝食付き） IN 15:00 OUT 12:00

1日1組限定の泊まれるギャラリールームもあり、作品と対峙しながら作家の世界観に浸れる。　145

STAY

おしゃれなのに使い勝手も抜群！
女子旅ステイならコチラ！

LAMP LIGHT BOOKS HOTEL nagoya

３０００冊の書籍に囲まれて夜通し本の世界に没頭

☆注目POINT☆
ブックカフェは24時間営業。ホテルの宿泊客以外も利用できる

24時間購入可能

日常を忘れて本の世界を旅するホテル

ランプライトブックスホテル名古屋

ランプライトブックスホテルなごや

コンセプトは"本屋が運営するホテル"。客室は本を読むための快適さにこだわり、1階に本と人をつなぐブックカフェを併設。女子同士の読書会など、これまでにない新しい旅の形が楽しめる。

🏠名古屋市中区錦 1-13-18 ☎052-231-7011 室数70室 ⊗地下鉄伏見駅10番出口から徒歩3分

伏見 ▶MAP 別P.6 A-2

料金 1泊1室9800円〜（朝食付き）
IN 15:00 OUT 10:00

a 書籍は旅本とミステリー小説が中心 b 読書しながらに最適なワンハンドフード c 客室には読書専用のソファがある

---

ibis Styles Nagoya

フランス発のスタイリッシュホテル

イビススタイルズ名古屋

イビススタイルズなごや

世界で展開するフランスのホテルグループ「アコー」のエコノミーブランド。アクセス良好な場所に立ち、コンパクトな設計ながら機能性とデザイン性に富んだ客室と手頃なプライスがうれしい。

🏠名古屋市中村区名駅 4-22-24 ☎052-571-0571 室数284室 ⊗各線名古屋駅ミヤコ地下街4番出口から徒歩2分

名古屋駅周辺 ▶MAP 別P.9 E-3

料金 1泊1室1万2400円〜（朝食付き）
IN 14:00 OUT 11:00

ポップで明るい空間

☆注目POINT☆
館内のそこかしこに市場モチーフのデザインがちりばめられている

隣接する柳橋中央市場の趣と海外のテイストが融合

a コンクリート打ちっぱなしの壁や倉庫のようなデザインで市場をイメージ b 名物料理の海鮮ポット c 防音が施された静かな客室

ここ数年、リニューアルも含めたホテルの開業ラッシュが続く名古屋。駅近で値段も手頃なうえ、スタイリッシュで機能的な女子同士の旅にぴったりのホテルも増えている。

WHERE IS

人気宿泊エリア

アクセスのよさから名古屋駅、伏見駅、栄駅周辺が人気。夜遅くまで営業している飲食店も多い。

hotel androrooms Nagoya Sakae

日頃の疲れを癒やす
開放感満点の大浴場

☆ 注目POINT ☆
大浴場は深夜2時まで。朝は6時から入浴でき、朝風呂も楽しめる

シンプルで機能的♪

a

b

c

一泊を充実させる"＆"があるホテル

ホテル・アンドルームス 名古屋栄

ホテル・アンドルームスなごやさかえ

久屋大通公園に隣接する緑豊かな環境。露天風呂付き大浴場、ホテル周辺の木立をイメージした客室や朝食のルームデリバリーサービスなど、充実した時間を過ごせる魅力がいっぱい。

🏠名古屋市中区丸の内3-6-8☎052-959-3211 室数108室 ⓧ地下鉄久屋大通駅2A出口から徒歩5分

栄 ▶MAP 別P.12 B-3

料金 1泊1室1万800円〜（朝食付き）
IN 15:00 OUT 10:00

a大浴場には入浴後の楽しみミニアイスキャンディーを用意 bサンドイッチやサラダが付く朝食セット cお店で焼き上げる自家製パンが自慢のカフェ

Hotel Resol Nagoya

さまざまな演出でくつろぎをデザイン

ホテルリソル名古屋

ホテルリソルなごや

JAZZをテーマに心地よさを奏でる"くつろぎ"のホテル。オリジナルアロマに迎えられ、落ち着きあるリビングロビーで時を忘れる。木質フローリングの靴を脱ぎ上がるスタイルの客室でリラックス。

🏠名古屋市中村区名駅3-25-6☎052-563-9269 室数101室 ⓧ名古屋駅桜通口から徒歩3分

名古屋駅周辺 ▶MAP 別P.9 D-2

料金 1泊1室9420円〜（朝食付き）
IN 15:00 OUT 10:00

☆ 注目POINT ☆
上質な家具とオブジェやアートを集めた空間。談話や読書にぴったり

もうひとつの居場所としてくつろげるリビングロビー

a

ふかふかのソファも

b

c

aブックセレクターによるこだわりの本が魅力 b朝食は韓国式の朝定食 cオリジナルの快眠ベッドを採用し上質な眠りを提供

STAY

ここだけ！の魅力が満載
名古屋を感じる個性派ステイ

SEVEN STORIES

4F 菴

5F 都市の中で眠り、起きる

a 清須市の伝統工芸の曲げ物を使った大きな木の輪が浮かぶ **b** 常滑焼にインスピレーションを得た青いタイルが印象的 **c** 刈谷市の竹や和紙を使った縁側や障子が郷愁をそそる

五感を刺激するデザインで
ものづくりや愛知の魅力を発信

2F 青の変奏

・KEYWORD・
デザイナーズルーム

7組の建築家が紡ぐ7つの物語
SEVEN STORIES
セブン ストーリーズ

愛知県の素材や文化をモチーフに、7組の建築家が1部屋ずつデザインした宿泊施設。1フロアに1部屋配置され、独自の世界観が表現されている。

🏠名古屋市中村区名駅2-40-12 ☎052-433-8766 室数7室 各線名古屋駅桜通口から徒歩7分

名古屋駅周辺 ▶MAP 別P.8 C-2

料金 1泊1室2万5000円〜
IN 15:00 OUT 10:00

HOTEL WABO

LIVING

b

町に溶け込む古民家で
プライベートな時間を

・KEYWORD・
古民家
一棟貸切

c

名古屋の奥座敷を暮らすように体感
HOTEL 和紡
ホテル わぼう

江戸時代の商人町の趣を残す西区那古野の一軒家を、1棟丸ごとフルリノベーション。和とモダンが融合した上質な空間を独占し、那古野の魅力を暮らすように満喫したい。

🏠名古屋市西区那古野1-18-6（茶房 花千花2Fフロントデスク）☎052-526-8739 地下鉄国際センター駅2番出口から徒歩5分

那古野 ▶MAP 別P.9 E-1

料金 3万6100円〜
（冷蔵庫ドリンクフリー）
IN 15:00 OUT 10:00

a 畳敷きのリビングでくつろげる1階 **b** 隠れ家のような佇まい **c** 窓からは坪庭が見え、名古屋駅近郊とは思えない静かさ **d** ダブルサイズベッドが2台配置された寝室もゆったり

d

BED ROOM

最近、全国の大都市で増えているのが、滞在自体が目的になるような独自の魅力を打ち出した個性派ホテル。都市部ならではの贅沢な旅のスタイルを体験しよう。

MEITETSU GRAND HOTEL

トレインビュー

a

b

d

旅心が躍り出す電車ルーム
名鉄グランドホテル
めいてつぐらんどほてる

名鉄名古屋駅と地下で直結している立地抜群のホテル。名鉄電車とコラボした特別仕様の客室があり、窓から電車の行き交う様子を眺め、寝台列車気分が味わえる。

a 電車ルーム以外にも上層階の客室から名古屋駅を見渡すような光景が楽しめる b 名鉄電車ルーム8802 cde 室内には本物の券売機や模擬運転台、リクライニングシートも

e

名古屋駅周辺 ▶MAP 別 P.8 C-3

🏠 名古屋市中村区名駅1-2-4 ☎052-582-2211 室数240室 Ⓟ名鉄名古屋駅直結、各線名古屋駅桜通口から徒歩4分
料金 1泊1室4万2000円〜
IN 14:00 OUT 11:00

GOLD STAY NAGOYA SAKAE

a b c HOTEL AQUARIUM

a HOTEL AQUARIUM専用フロアには海の生きものの展示物を設置 b 全室キッチン付き c 名古屋港水族館とコラボしたコンセプトルーム d 東山動植物園とコラボしたアニマルルーム

Hotel Zoo

パンダやトラに囲まれて
気分は動物園♪

巣ごもりが楽しい都市型リゾート
GOLD STAY 名古屋 栄
ゴールドステイ なごや さかえ

充実のコンセプトルームで"ここにしかない体験"を提供するアパートメントホテル。美容ブランドReFaの7種類の美容機器が体験できるReFaルームも人気。

🏠 名古屋市中区栄4-9-22 ☎052-261-0010 室数21室 Ⓟ 地下鉄栄駅12番出口から徒歩5分

栄 ▶MAP 別 P.7 F-2
料金 1泊1室3万1000円〜
IN 15:00 OUT 10:00

🐾 HOTEL AQUARIUMには、"赤道の海""深海""南極"をテーマにした3つの客室がある。 149

交通手段は3つ！
全国から名古屋への行き方を確認！

都道府県から名古屋へのアクセスは鉄道、飛行機、バスとさまざま。
料金、移動時間、利便性などを比較しながら、最適な手段をチョイスしよう。

ACCESS 1

鉄道
TRAIN

主要都市などは鉄道を利用するのが断然便利。名古屋駅に到着すれば、その後の移動もスムーズ。大阪、長野、金沢からは特急電車でのアクセスもおすすめ。新幹線利用なら、早めに予約をする、JR東海ツアーズのプランを利用するなど、お得情報をチェックしよう。

新幹線を使えばラクラク！
東京から1時間40分で名古屋へ

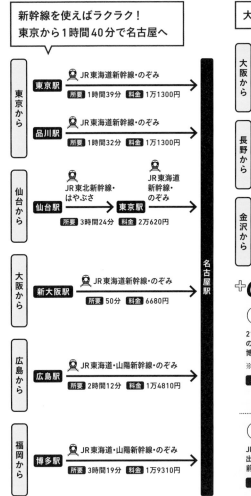

東京から

東京駅 → JR東海道新幹線・のぞみ
所要 1時間39分 料金 1万1300円

品川駅 → JR東海道新幹線・のぞみ
所要 1時間32分 料金 1万1300円

仙台から

仙台駅 → JR東北新幹線・はやぶさ → 東京駅 → JR東海道新幹線・のぞみ
所要 3時間24分 料金 2万620円

大阪から

新大阪駅 → JR東海道新幹線・のぞみ
所要 50分 料金 6680円

広島から

広島駅 → JR東海道・山陽新幹線・のぞみ
所要 2時間12分 料金 1万4810円

福岡から

博多駅 → JR東海道・山陽新幹線・のぞみ
所要 3時間19分 料金 1万9310円

名古屋駅

大阪・金沢・長野からは特急がお得！

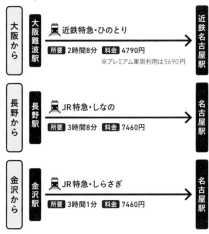

大阪から

大阪難波駅 → 近鉄特急・ひのとり → 近鉄名古屋駅
所要 2時間8分 料金 4790円
※プレミアム車両利用は5690円

長野から

長野駅 → JR特急・しなの → 名古屋駅
所要 3時間8分 料金 7460円

金沢から

金沢駅 → JR特急・しらさぎ → 名古屋駅
所要 3時間1分 料金 7460円

+α　お得な切符をチェック

予定が確実に決まっているなら EX早得21ワイド

21日前までに予約必須。「スマートEX」「エクスプレス予約」のサイトから購入。東京・品川、横浜⇄名古屋、博多・小倉⇄名古屋の区間なら利用可能
※サービスを利用するには会員登録が必要

料金　東京・品川→名古屋　9800円
　　　博多→名古屋　1万4100円

時間に余裕があるなら　ぷらっとこだま

JR東海ツアーズによるプラン。こだま号のみ利用（片道）。出発地は東海道新幹線の主要駅に対応。公式サイトから前日22:00までに予約。

料金　東京・品川→名古屋　8600円＋1ドリンク引換券
　　　新大阪→名古屋　4800円＋1ドリンク引換券
※普通車指定席・通常期利用の場合

※料金は通常期
※所要時間は列車により変動あり

ACCESS 2

飛行機
AIRPLANE

遠方からのアクセスは鉄道の乗り継ぎ不要の飛行機が早くて便利。愛知県には2つの空港があり、大多数は中部国際空港（セントレア）に到着するが、県営名古屋空港（小牧空港）に到着する便もある。各航空会社は、早期予約など割引プランを用意しているので、早めに確認しておきたい。

新千歳空港（札幌）

仙台

仙台空港（宮城）

金沢

東京

横浜

名古屋

静岡

中部国際空港／県営名古屋空港（愛知）

広島

大阪（新大阪）

高松

博多

松山空港（愛媛）

福岡空港

鹿児島

那覇空港（沖縄）

ビューンと飛行機で
中部国際空港（セントレア）へ

1 新千歳空港 → 中部国際空港
1日14便　1時間45分〜50分
ANA・JAL・SKY・APJ・ADO

2 仙台空港 → 中部国際空港
1日6便　1時間10分〜20分
ANA・IBX・APJ

3 福岡空港 → 中部国際空港
1日13便　1時間15分〜25分
ANA・SFJ・JJP・IBX
福岡空港 → 県営名古屋空港
1日5便　1時間20分
FDA

4 松山空港 → 中部国際空港
1日3便　1時間5分
ANA

5 那覇空港 → 中部国際空港
1日13〜14便　2時間〜2時間10分
ANA・JTA・SKY・SNA・APJ・JJP

ACCESS 3

バス
BUS

リーズナブルに
高速バスで名古屋へ

バス移動のメリットはリーズナブルな料金。夜行便なら、寝ている間に移動できるので、時間を効率よく使える。金額にこだわらなければ、女性専用車両やゆったりシートなど選択肢も豊富。

▼ 東京→名古屋	2000円〜	7時間10分（夜行便）
▼ 仙台→名古屋	8400円〜	10時間（夜行便）
▼ 大阪→名古屋	1680円〜	2時間55分（昼行便）
▼ 金沢→名古屋	3600円〜	3時間38分（昼行便）
▼ 松本→名古屋	3000円〜	3時間33分（昼行便）
▼ 福岡→名古屋	8800円〜	11時間20分（夜行便）

設備によって
料金が
違う！

4列シート

 ＝ 片道2000円〜

スペースは狭め。トイレがないことも多い。休憩を活用しよう。

3列シート

 ＝ 片道3000円〜

足元広々スペース。隣とのゆとりも確保されている

※東京⇒名古屋の場合の目安

🐝 3つともインターネットで予約が可能。日により金額が変動することもあるので、しっかり確認を。

4つの交通手段で
名古屋周辺を賢くめぐる

主要な観光エリアはほぼ地下鉄が網羅している。地下鉄をメインに、バスと
シェアサイクルにチョイ乗りすれば、どこへでも楽々アクセス。郊外へは名鉄を使って出かけよう。

\ ACCESS 1 /

地下鉄
SUBWAY

名古屋市営地下鉄が運行。
名古屋駅を通り中心部を横
断する東山線、ぐるっと一
周する名城線のほか、名港
線、鶴舞線、桜通線、上飯
田線の全6線がある。地下
鉄の初乗り料金は210円。
土日祝日などに3回以上地
下鉄・市バスに乗るなら、
迷わずドニチエコきっぷを
利用したい。観光施設の割
引などもあり、お得に観光
できる。

お得な
乗車券

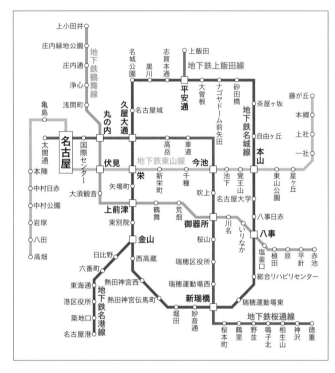

ドニチエコきっぷ

土日祝日、毎月8
日限定。市バス、
なごや観光ルート
バス「メーグル」、
地下鉄全線が一
日乗り放題に。

※ゆとりーライン高架
区間（大曽根〜小幡緑
地）、名鉄バス、あおな
み線は利用不可

料金	620円
有効期間	使用を開始した時から その日の終発まで
販売場所	自動券売機、改札窓口、 交通局サービスセンターほか

地下鉄全線24時間券

地下鉄が24時間
乗り放題に。午後
に到着した時など
に大活躍！

※自動券売機で購入し
た地下鉄全線24時間
券は、購入当日の終電ま
でに利用がない場合、無
効になるので注意

料金	760円
有効期間	使用を開始した時から 24時間
販売場所	自動券売機、改札窓口、 交通局サービスセンターほか

バス・地下鉄全線一日乗車券

市バス、なごや観
光ルートバス「メ
ーグル」、地下鉄
全線が一日乗り
放題に。

※ゆとりーライン高架
区間（大曽根〜小幡緑
地）、名鉄バス、あおな
み線は利用不可

料金	870円
有効期間	使用を開始した時から その日の終発まで
販売場所	自動券売機、改札窓口、 交通局サービスセンターほか

CHECK! 有効期間内に限り、ドニチエコきっぷ、地下鉄全線24時間券、バス・地下鉄全線一日乗車券を提示すると、
割引や特典が受けられる観光施設や飲食店があるので、公式サイトを要チェック！

ACCESS 2
電車 TRAIN

名古屋市内を走る電車を確認。郊外や愛知県内、隣接県への移動に使いたい。どれも名古屋駅に乗り入れているが、リニモのみ藤が丘発着で名古屋駅は通らないので気をつけて。

名鉄（名古屋鉄道）

愛知県内をめぐる名古屋の鉄道の中心

犬山、常滑、岡崎など、県内主要都市への移動は名鉄を利用しよう。名古屋駅のほか、金山駅で乗り換えができる。地下鉄鶴舞線とは相互乗り入れをしているので、犬山、豊田方面へ行く際はチェック。

中部国際空港駅へ
●名鉄名古屋駅からミュースカイで28分、特急で35分890円
※ミュースカイは別途、特別車両券（ミューチケット）360円が必要

JR（JR東海）

市内の移動にも活躍

東海道新幹線と東海道本線、中央本線、関西本線が名古屋駅に乗り入れている。新幹線との乗り継ぎがしやすいのもうれしい。名古屋駅から鶴舞、千種、大曽根へのアクセスは中央本線がおすすめ。

近鉄（近畿日本鉄道）

西方面へ向かう時に

三重県や奈良、大阪などの関西エリアを結ぶ。名古屋駅のほか、地下鉄八田駅でも乗り換えができる。

リニモ（愛知高速交通）

ジブリパークはリニモで！

地下鉄東山線藤が丘駅から愛知環状鉄道八草駅までの間を運行。日本でここだけの磁気浮上式リニアモーターカーが走る。

あおなみ線（名古屋臨海高速鉄道）

名古屋港（金城ふ頭）へ

名古屋駅から、金城ふ頭までを結ぶ。リニア・鉄道館、レゴランド®・ジャパン・リゾートへのおでかけはあおなみ線が便利。

ACCESS 3
バス BUS

市内各地に路線がのびる市バスがメイン。路線がたくさんあるので、最初はバスターミナルから出発するのがわかりやすくて安心。なごや観光ルートバス「メーグル」（→P.155）も。

名古屋駅バスターミナル

新幹線・地下鉄桜通線 ◀
JR線・あおなみ線
JRセントラルタワーズ
名鉄線・近鉄線 ◀
地下鉄桜通線
地下鉄東山線
JRゲートタワー
おりば
地下鉄桜通線 ▼
地下鉄東山線
① 市バス案内板（タッチ（パネル）式）
⑪ ⑩ ⑨ ⑧ ⑦
のりば
⑥
① ② ③ ④ ⑤
① 市バス案内板
JPタワー名古屋

メーグルは11番のりば、C-758は9番のりばから

市バス

乗りこなせば断然便利

料金は1乗車210円。観光客におすすめはC-758系統。名古屋駅から栄・矢場町、大須地区を経由し名古屋駅まで戻る都心ループバス。

名鉄バス

ジブリパークへは直行バスで！

全国を結ぶ高速バスと愛知県内の路線バスを運行。名古屋駅の名鉄バスセンターからはジブリパーク直行のバスも出発する。

ゆとりーとライン

日本唯一のガイドウェイバス

名古屋市北東部、大曽根と高蔵寺間を結ぶ。交通渋滞する区間は高架専用軌道上を案内装置の誘導でレールに沿って走行し、一般道路では路線バスとして運行する。

ACCESS 4

自転車 BICYCLE

近年人気のシェアサイクルは、専用の自転車貸出返却場所（ポートまたはステーション）なら、どこで借りても返しても OK というシステム。スマホアプリで会員登録を必要なことが多いので、あらかじめ準備しよう。

でらチャリ

青い車体が目印。栄ミナミエリアを中心に街と街を結ぶ。最長 11 時間利用できる 1 日料金がかなりリーズナブル。

ポートを探す！

料金	1 時間 100 円（以降 1 時間ごとに 100 円）、1 日 500 円（9〜20 時）
有効期間	貸出 9〜20 時、返却 24 時間
名古屋市内ポート（ステーション）数	19（2023 年 6 月現在）

Charichari（チャリチャリ）

福岡、名古屋、東京、熊本で展開。料金は 1 分単位なのでチョイ乗りに便利。坂道や長距離移動には電動アシストも。

ポートを探す！

料金	ベーシック 1 分 6 円、電動アシスト 1 分 15 円
有効期間	24 時間
名古屋市内ポート（ステーション）数	260（2023 年 6 月現在）

HELLO CYCLING（ハロー サイクリング）

全国に展開。会員登録をすればどこでも利用でき、1 つのアカウントで 4 台まで利用可能。グループに最適。

ポートを探す！

料金	15 分 70 円、12 時間まで 1000 円
有効期間	24 時間
名古屋市内ポート（ステーション）数	71（2023 年 6 月現在）

カリテコバイク

すべて電動アシスト自転車。名古屋駅周辺にポートが多いのも魅力。1 日パスはインターネット、コンビニで購入。

ポートを探す！

料金	最初の 30 分 165 円（以降 30 分ごとに 110 円）、1 日パス 1650 円（利用開始時点〜当日 23:59 まで）
有効期間	24 時間
名古屋市内ポート（ステーション）数	300（2023 年 6 月現在）

中川運河を行く！水上クルーズを楽しむ

クルーズ名古屋
クルーズなごや

中川運河と名古屋港エリアを運航するクルーズ船。水上からの景色や船内に流れる音声ガイドを楽しみながら移動できる。名古屋港水族館へはガーデンふ頭、レゴランド®・ジャパン・リゾートへは金城ふ頭を利用しよう。

運賃・時刻表！

☎052-659-6777
ささしまライブ乗り場
🏠中川区運河町周辺 ⊗あおなみ線ささしまライブ駅から徒歩 3 分
金城ふ頭乗り場
🏠港区金城ふ頭 3 ⊗あおなみ線金城ふ頭駅から徒歩 3 分

1 ささしまライブ	
約 25 分	
2 キャナルリゾート	
約 10 分	約 45 分
3 みなとアクルス	
約 25 分	
4 ガーデンふ頭	
約 10 分	
5 ブルーボネット	約 25 分
約 30 分	
6 金城ふ頭	

初めての名古屋観光なら メーグルを利用してみよう！

効率よく観光するには、なごや観光ルートバス「メーグル」がおすすめ。
名古屋駅に着いたらすぐ利用でき、車窓から名古屋の街を楽しみながら移動できるのも◎。

メーグル

名古屋市中心部の人気観光スポットを周遊する、名古屋駅発着のなごや観光ルートバス。観光地のすぐ近くにバス停があり、アクセス抜群なのも魅力。

ゴールドの車体が目印！

＼注目ポイント／
名古屋城の停留所は
正門のすぐ近くに！

名古屋城

| 料金 | 1乗車 210円（1乗車） |

※ドニチエコきっぷ、一日乗車券も使用可能
（地下鉄全線24時間券は不可）　※交通系ICカード使用可能

運行本数	平日：30分〜1時間に1本 土・日曜、祝日：20〜30分に1本
運休日	月曜（祝日の場合は翌平日）
問合せ	052-972-2425 （名古屋市観光文化交流局観光推進課）

時刻表！

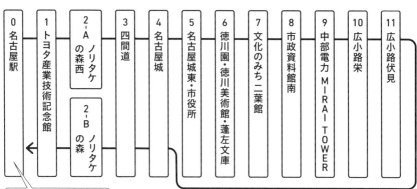

| 0 名古屋駅 | 1 トヨタ産業技術記念館 | 2-A ノリタケの森西 / 2-B ノリタケの森 | 3 四間道 | 4 名古屋城 | 5 名古屋城東・市役所 | 6 徳川園・徳川美術館・蓬左文庫 | 7 文化のみち二葉館 | 8 市政資料館南 | 9 中部電力 MIRAI TOWER | 10 広小路栄 | 11 広小路伏見 |

名古屋駅
バスターミナル11番乗り場
>>>P.153

中部電力 MIRAI TOWER

お得なチケット

メーグル1DAYチケット

一日何度でも利用できる乗り放題チケット。利用当日に限り、チケットを提示すると、市バスC-758への乗車やメーグル沿線の指定の観光施設での入場割引や飲食店、ホテルでの特典が受けられる。

| 料金 | 500円 |
| 販売場所 | メーグル車内、オアシス21iセンター、金山観光案内所、交通局サービスセンター（名古屋駅・金山駅・栄駅）ほか |

☀ 土・日曜、祝日の午前便にはガイドボランティアが乗車し、沿線のガイドを行うバスもある。　155

アクセス早見表

主要スポット間の移動手段・所要時間・料金がわかる早見表。縦列が出発地、横列が目的地。

出発地 ＼ 目的地	名古屋駅周辺 名古屋駅	栄 中部電力 MIRAI TOWER MAP別P.7 D-1	名古屋城 名古屋城 MAP別P.12 A-2	大須 大須観音 MAP別P.10 B-1
名古屋駅		🚃8分　210円 地下鉄東山線5分→栄駅→徒歩3分	🚃12分　240円 地下鉄桜通線5分→久屋大通駅→地下鉄名城線2分→名古屋城駅→徒歩5分 🚌22分　メーグル21分→バス停名古屋城→徒歩1分	🚃6分　210円 地下鉄東山線3分→伏見駅→地下鉄鶴舞線2分→大須観音駅→徒歩1分
中部電力 MIRAI TOWER	🚃8分　210円 徒歩3分→栄駅→地下鉄東山線5分		🚃8分　210円 徒歩1分→久屋大通駅→地下鉄名城線2分→名古屋城駅→徒歩5分 🚶21分	🚃8分　210円 徒歩1分→久屋大通駅→地下鉄鶴舞線2分→丸の内駅→地下鉄鶴舞線4分→大須観音駅→徒歩1分 🚶29分
名古屋城	🚃12分　240円 徒歩5分→名古屋城駅→地下鉄名城線2分→久屋大通駅→地下鉄桜通線5分 🚌22分　210円 徒歩1分→バス停名古屋城→メーグル21分	🚃8分　210円 徒歩5分→名古屋城駅→地下鉄名城線2分→久屋大通駅→徒歩1分 🚶21分		🚃15分　240円 徒歩5分→名古屋城駅→地下鉄名城線7分→上前津駅→地下鉄鶴舞線2分→大須観音駅→徒歩1分
大須観音	🚃6分　210円 徒歩1分→大須観音駅→地下鉄鶴舞線2分→伏見駅→地下鉄東山線3分	🚃8分　210円 徒歩1分→大須観音駅→地下鉄鶴舞線4分→丸の内駅→地下鉄桜通線2分→久屋大通駅→徒歩1分 🚶29分	🚃15分　240円 徒歩1分→大須観音駅→地下鉄鶴舞線2分→上前津駅→名古屋城駅線7分→名古屋城駅→徒歩5分	
円頓寺商店街	🚃9分　210円 徒歩8分→国際センター駅→地下鉄桜通線1分 🚶15分	🚃11分　210円 徒歩8分→丸の内駅→地下鉄桜通線2分→久屋大通駅→徒歩1分 🚶26分	🚃17分　210円 徒歩8分→丸の内駅→地下鉄桜通線2分→久屋大通駅→地下鉄名城線2分→名古屋城駅→徒歩5分 🚶16分	🚃13分　210円 徒歩8分→丸の内駅→地下鉄鶴舞線4分→大須観音駅→徒歩1分
東山動植物園	🚃21分　270円 徒歩3分→東山公園駅→地下鉄東山線18分	🚃19分　240円 徒歩3分→東山公園駅→地下鉄東山線13分→栄駅→徒歩3分	🚃25分　270円 徒歩3分→東山公園駅→地下鉄東山線13分→栄駅→地下鉄名城線4分→名古屋城駅→徒歩5分	🚃28分　270円 徒歩3分→東山公園駅→地下鉄名城線8分→本山駅→地下鉄名城線8分→八事駅→地下鉄鶴舞線14分→大須観音駅→徒歩1分
熱田神宮	🚃9分　230円 徒歩3分→神宮前駅→名鉄名古屋本線6分	🚃24分　240円 徒歩7分→熱田神宮伝馬町駅→地下鉄名城線16分→久屋大通駅→徒歩1分	🚃30分　270円 徒歩7分→熱田神宮伝馬町駅→地下鉄名城線18分→名古屋城駅→徒歩5分	🚃21分　240円 徒歩7分→熱田神宮伝馬町駅→地下鉄名城線11分→上前津駅→地下鉄鶴舞線2分→大須観音駅→徒歩1分
ジブリパーク	🚃41分　670円 徒歩1分→愛・地球博記念公園駅→リニモ13分→藤が丘駅→地下鉄東山線27分 🚌41分　1000円 徒歩1分→バス停愛・地球博記念公園→名鉄バス40分	🚃39分　670円 徒歩1分→愛・地球博記念公園駅→リニモ13分→藤が丘駅→地下鉄東山線22分→栄駅→徒歩3分	🚃45分　670円 徒歩1分→愛・地球博記念公園駅→リニモ13分→藤が丘駅→地下鉄東山線22分→栄駅→地下鉄名城線4分→名古屋城駅→徒歩5分	🚃41分　670円 徒歩1分→愛・地球博記念公園駅→リニモ13分→藤が丘駅→地下鉄東山線24分→伏見駅→地下鉄鶴舞線2分→大須観音駅→徒歩1分

※所要時間は乗り換え時間を含みません。時刻表を確認のうえお出かけください。

🚃…電車 🚌…バス 🚶…徒歩

那古野 円頓寺商店街 MAP別P.9 F-1	東山公園 東山動植物園 MAP別P.5 F-2	熱田神宮 熱田神宮 MAP別P.11 F-1	長久手 ジブリパーク MAP別P.2 C-1
🚃🚶9分　210円 地下鉄桜通線1分→ 国際センター駅→徒歩8分 🚶15分	🚃🚶21分　270円 地下鉄東山線18分→ 東山公園駅→徒歩3分	🚃🚶9分　230円 名鉄名古屋本線6分→ 神宮前駅→徒歩3分	🚃🚶41分　670円 地下鉄東山線27分→藤が丘駅→リニモ13分→愛・地博記念公園駅→徒歩1分 🚌🚶41分　1000円 名鉄バス40分→バス停愛・地球博記念公園→徒歩1分
🚃🚶11分　210円 地下鉄桜通線1分→久屋大通駅→ 丸の内駅→徒歩8分 🚶26分	🚃🚶19分　240円 徒歩3分→栄駅→ 地下鉄東山線13分→ 東山公園駅→徒歩3分	🚃🚶24分　240円 徒歩1分→久屋大通駅→ 地下鉄名城線16分→ 熱田神宮伝馬町駅→徒歩7分	🚃🚶39分　670円 徒歩3分→栄駅→ 地下鉄東山線22分→ 藤が丘→リニモ13分→ 愛・地球博記念公園駅→ 徒歩1分
🚃🚶17分　210円 徒歩5分→名古屋城駅→ 地下鉄名城線2分→久屋 大通駅→地下鉄桜通線2分→ 丸の内駅→徒歩8分 🚶16分	🚃🚶25分　270円 徒歩5分→名古屋城駅→ 地下鉄名城線4分→栄駅→ 地下鉄東山線13分→ 東山公園駅→徒歩3分	🚃🚶30分　270円 徒歩5分→名古屋城駅→ 地下鉄名城線18分→ 熱田神宮伝馬町駅→徒歩7分	🚃🚶45分　670円 徒歩5分→名古屋城駅→ 地下鉄名城線4分→栄駅→ 地下鉄東山線22分→ 藤が丘→リニモ13分→ 愛・地球博記念公園駅→ 徒歩1分
🚃🚶13分　210円 徒歩1分→大須観音駅→ 地下鉄鶴舞線4分→ 丸の内駅→徒歩8分	🚃🚶28分　270円 徒歩1分→大須観音駅→ 地下鉄鶴舞線14分→ 八事駅→地下鉄名城線8分→ 本山駅→地下鉄東山線2分→ 東山公園駅→徒歩3分	🚃🚶21分　240円 徒歩1分→大須観音駅→ 地下鉄鶴舞線→ 上前津駅→地下鉄名城線 11分→熱田神宮伝馬町駅→ 徒歩7分	🚃🚶41分　670円 徒歩1分→大須観音駅→ 地下鉄鶴舞線2分→伏見駅→ 地下鉄東山線24分→ 藤が丘→リニモ13分→ 愛・地球博記念公園駅→ 徒歩1分
	🚃🚶26分　270円 徒歩8分→丸の内駅→ 地下鉄桜通線2分→ 今池駅→ 地下鉄東山線7分→ 東山公園駅→徒歩3分	🚃🚶33分　270円 徒歩8分→丸の内駅→ 地下鉄桜通線2分→ 久屋大通駅→地下鉄名城線 16分→熱田神宮伝馬町駅→ 徒歩7分	🚃🚶46分　670円 徒歩8分→丸の内駅→ 地下鉄桜通線8分→今池駅→ 地下鉄東山線16分→ 藤が丘→リニモ13分→ 愛・地球博記念公園駅→ 徒歩1分
🚃🚶26分　270円 徒歩3分→東山公園駅→ 地下鉄東山線7分→今池駅→ 地下鉄桜通線8分→ 丸の内駅→徒歩8分		🚃🚶36分　270円 徒歩3分→東山公園駅→ 地下鉄東山線12分→栄駅→ 地下鉄名城線14分→ 熱田神宮伝馬町駅→徒歩7分	🚃🚶26分　600円 徒歩3分→東山公園駅→ 地下鉄東山線9分→ 藤が丘→リニモ13分→ 愛・地球博記念公園駅→ 徒歩1分
🚃🚶33分　270円 徒歩7分→熱田神宮伝馬町駅 →地下鉄名城線16分→久屋 大通駅→地下鉄桜通線2分→ 丸の内駅→徒歩8分	🚃🚶36分　270円 徒歩7分→熱田神宮伝馬町駅 →地下鉄名城線14分→ 栄駅→地下鉄東山線12分→ 東山公園駅→徒歩3分		🚃🚶52分　700円 徒歩7分→熱田神宮伝馬町駅 →地下鉄名城線20分→ 本山駅→地下鉄東山線11分→ 藤が丘→リニモ13分→ 愛・地球博記念公園駅→ 徒歩1分
🚃🚶46分　670円 徒歩1分→愛・地博記念 公園駅→リニモ13分→ 藤が丘→地下鉄東山線 16分→今池駅→地下鉄桜通線 8分→丸の内駅→徒歩8分	🚃🚶26分　600円 徒歩1分→愛・地球博記念 公園駅→リニモ13分→ 藤が丘→地下鉄東山線 9分→東山公園駅→徒歩3分	🚃🚶52分　700円 徒歩1分→愛・地球博記念 公園駅→リニモ13分→ 藤が丘→地下鉄東山線11分 →本山駅→地下鉄名城線20分 →熱田神宮伝馬町駅→ 徒歩7分	

😺 上記の移動手段は代表的な一例。バスは路線が複数あるので、行き先を確認してから乗車を。

INDEX

スパゲティハウスチャオ JR名古屋駅太閤通口店	名古屋駅	111
世界の山ちゃん 本店	栄	37
創作名古屋めし まかまか本店	栄	107
蘇山荘	大曽根	70
台湾まぜそば はなび 錦店	栄	44
台湾屋台 SARIKAKA	大須	120
ちいさな菓子店fika.	覚王山	127
中国台湾料理 味仙 今池本店	今池	44
鳥椀 伏見店	伏見	61
TSURUMA GARDEN	鶴舞	9
手打ちそば処 丁字屋	大須	40
手羽先むすめ	大須	8,36
天むす屋 鬼天	大須	8,43,118
鳥開総本家 名駅エスカ店	名古屋駅周辺	110
鳥開総本家 名駅西口店	名古屋駅周辺	37
とんちゃんや ふじ はなれ	大須	58
とんちゃん横井	今池	58
那古野茶房 花千花	那古野	125
那古野茶屋	名古屋城	68
ni:no	常滑	132
にこみのたから	大須	41
二の丸茶亭	名古屋城	24
日本栄光酒場 ロッキーカナイ	栄	106
nuu	常滑	132
nunc nusq	鶴舞	56
BUTTER MAN.	大須	118
HUB GRAMPUS PUB MIRAI TOWER店	栄	79
BAR DUFI	那古野	123
PEANUTS Cafe 名古屋	栄	101
ひつまぶし名古屋備長 金シャチ横丁店	名古屋城	68
ぴよりんSTATION カフェ ジャンシアーヌ	名古屋駅周辺	27,111
Farm&	栄	79
風来坊 名駅センチュリー豊田ビル店	名古屋駅周辺	36
base lab.	栄	79
蓬左　hōsa	名古屋城	69
星が丘製麺所 久屋大通店	栄	38
ほぼ栄駅一番出口のれん街	栄	106
本町茶寮	犬山	136
ピッツェリア ラ・フォルナーチェ	常滑	133
まぐろ専門酒場 マグロ大使	栄	106
MADOYAMA	常滑	132
丸豊 cafe	日間賀島	141
みそかつかつみや 鶴舞分店	鶴舞	35
宮鍵	伏見	33
宮きしめん 神宮店	熱田神宮	73
御幸亭	大須	42,117
MYOKOEN TEA STORE	栄	105
モーニング喫茶リヨン	名古屋駅周辺	26
八幡屋	亀島	59
矢場とん 矢場町本店	矢場町	34
やぶ屋食堂 エスカ店	名古屋駅周辺	110
山 名古屋駅店	名古屋駅周辺	115
山本屋総本家 金シャチ横丁店	名古屋城	41
山本屋本店 エスカ店	名古屋駅周辺	110
山本屋本店 栄本町通店	栄	40
洋菓子・喫茶ボンボン	高岳	51
yokubaru 大須店	大須	119
両口屋是清 東山店	東山公園	54
lily	栄	79
Lyrical coffee donut	亀島	55
L'ECRIN DE YUMIKO	池下	55
Restaurant Kiln	亀島	83
レモネード専門店 LEMOTTO	大須	119
Rockin' Robin Laboratory	大須	119
Y.MARKET BREWING KITCHEN	国際センター	60
わんこ手羽と親鳥のお店 かちてば	栄	106

SHOPPING

Archer	大須	121
UNCLE Bee	大須	121
an de flower	大曽根	93
井桁屋	有松	128
m.m.d.	栄	94
覚王山フルーツ大福 弁才天	覚王山	127
CAFÉ TANAKA 本店	上飯田	92
カフェデンマルク ＪＲ名古屋駅店	名古屋駅周辺	89
元祖鯱もなか本店	大須観音	88
ギフトキヨスク名古屋	名古屋駅周辺	99
グランドキヨスク名古屋	名古屋駅周辺	89,99
桂新堂 本店	金山	91
三番御蔵	名古屋城	89
鯱上々	名古屋城	68,89
松露堂	那古野	88
末廣堂 新道小売店	浅間町	87
suzusan factory shop	有松	129
SPICE UP ! COCOICHI BAKERY	名古屋駅周辺	97
sono	覚王山	95
多仲	栄	79
月のののうさ	那古野	123
tunagu	ナゴヤドーム前矢田	95
tetof 1608	有松	129
内苑売店	名古屋城	25
名古屋城本丸御殿 ミュージアムショップ	名古屋城	25,89
ノリタケスクエア名古屋	亀島	83
梅花堂	覚王山	127
Buttery	名古屋駅周辺	92
プチフレーズ 茶屋が坂本店	茶屋ヶ坂	93
不老園	東別院	91
hotel the progress	栄	93
マツウラベーカリー 名鉄店	名古屋駅周辺	97
まり木綿	有松	129
美濃忠 本店	丸の内	90
妙香園 サンロード店	名古屋駅周辺	96
名鉄商店	名古屋駅周辺	89,114
YABATON SHOP	矢場町	34
大和屋守口漬総本家 本店	栄	96
友禅工房 堀部	浄心	86
両口屋是清 東山店	東山公園	90

STAY

イビススタイルズ名古屋	名古屋駅周辺	146
コートヤード・バイ・マリオット名古屋	伏見	8,142
GOLD STAY 名古屋 栄	栄	149
THE TOWER HOTEL NAGOYA	栄	79,145
SEVEN STORIES	名古屋駅周辺	148
TIAD, オートグラフ コレクション	矢場町	8
ニッコースタイル名古屋	名古屋駅周辺	144
ホテル・アンドルームス 名古屋栄	栄	147
ホテルインディゴ 犬山有楽苑	犬山	137
ホテルリソル名古屋	名古屋駅周辺	147
HOTEL 和紡	那古野	148
名鉄グランドホテル	名古屋駅周辺	149
ランプライトブックス ホテル名古屋	伏見	146

STAFF

編集制作　ミシマイチゴ

取材・執筆
ミシマイチゴ、小山芳恵、大川真由美、久保愛、安田淳、達弥生、藤尾かおり

撮影
橋本千尋、松永卓也・高野楓菜（朝日新聞出版 写真映像部）、中垣聡、水野由佳

写真協力
公益財団法人名古屋観光コンベンションビューロー
一般社団法人とこなめ観光協会　一般社団法人 犬山市観光協会　関係諸施設

表紙デザイン　菅谷真理子（マルサンカク）

本文デザイン
江原レン、前田友紀、石澤 緑、神尾瑠璃子（mashroom design）
菅谷真理子（マルサンカク）

表紙イラスト
大川久志　深川優

本文イラスト
ナカオテッペイ

地図制作　s-map

地図イラスト　岡本倫幸

組版・印刷　大日本印刷株式会社

企画・編集　白方美樹（朝日新聞出版）

ハレ旅　名古屋

2023年7月30日　第1刷発行
2024年3月30日　第2刷発行

編　著　朝日新聞出版

発行者　片桐圭子

発行所　朝日新聞出版
　　　　〒104-8011　東京都中央区築地5-3-2
　　　　（お問合せ）
　　　　infojitsuyo@asahi.com

印刷所　大日本印刷株式会社

\ スマホやPCで！/
**ハレ旅 名古屋
電子版が無料！**

① **「honto 電子書籍リーダー」
アプリをインストール**

📱 Android 版 Play ストア
iPhone/iPad 版 AppStore で
honto を検索

💻 PC での利用の場合はこちらから
https://honto.jp/ebook/dlinfo

右の QR コードからも
アクセスできます

② **無料会員登録**

インストールしたアプリのログイン画
面から新規会員登録を行う

③ **ブラウザからクーポン
コード入力画面にアクセス**

ブラウザを立ち上げ、下のURLを入
力。電子書籍引き換えコード入力画面
からクーポンコードを入力し、My本棚
に登録

クーポンコード入力画面URL
https://honto.jp/sky

クーポンコード asa3600157951827
※2025年12月31日まで有効

右のQRコードからも
クーポンコード入力画
面にアクセスできます

④ **アプリから電子書籍を
ダウンロード＆閲覧**

①でインストールしたアプリの「ライ
ブラリ」画面から目的の本をタップし
て電子書籍をダウンロードし、閲覧し
てください
※ダウンロードの際には、各通信会社の通信料が
かかります。ファイルサイズが大きいため、Wi-Fi
環境でのダウンロードを推奨します。
※一部、電子版に掲載されていないコンテンツが
あります。

ご不明な点、お問い合わせ先はこちら
honto お客様センター
✉ shp@honto.jp　☎0120-29-1815
IP電話からは ☎03-6386-1622
※お問い合わせに正確にお答えするため、通話を
録音させていただいております。予めご了承くだ
さい。